Documentos contemporâneos da Igreja

Evangelium Vitae, Deus Caritas Est e Evangelii Gaudium

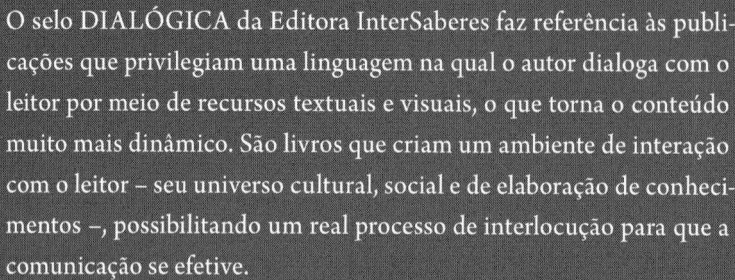

O selo DIALÓGICA da Editora InterSaberes faz referência às publicações que privilegiam uma linguagem na qual o autor dialoga com o leitor por meio de recursos textuais e visuais, o que torna o conteúdo muito mais dinâmico. São livros que criam um ambiente de interação com o leitor – seu universo cultural, social e de elaboração de conhecimentos –, possibilitando um real processo de interlocução para que a comunicação se efetive.

Documentos contemporâneos da Igreja

Evangelium Vitae, Deus Caritas Est e Evangelii Gaudium

Rafael de Mesquita Diehl

Rua Clara Vendramin, 58 . Mossunguê
CEP 81200-170 . Curitiba . PR . Brasil
Fone: (41) 2106-4170
www.intersaberes.com
editora@editoraintersaberes.com.br

Conselho editorial	Capa e projeto gráfico
Dr. Ivo José Both (presidente)	Iná Trigo (*design*)
Drª Elena Godoy	Tatiana Kasyanova/
Dr. Neri dos Santos	Shutterstock (imagem)
Dr. Ulf Gregor Baranow	Diagramação
Editora-chefe	Rafael Ramos Zanellato
Lindsay Azambuja	Equipe de *design*
Gerente editorial	Iná Trigo
Ariadne Nunes Wenger	Sílvio Gabriel Spannenberg
Preparação de originais	Iconografia
Gustavo Ayres Scheffer	Sandra Lopis da Silveira
Edição de texto	Regina Claudia Cruz Prestes
Floresval Nunes Moreira Junior	

1ª edição, 2020.
Foi feito o depósito legal.

Informamos que é de inteira responsabilidade do autor a emissão de conceitos.

Nenhuma parte desta publicação poderá ser reproduzida por qualquer meio ou forma sem a prévia autorização da Editora InterSaberes.

A violação dos direitos autorais é crime estabelecido na Lei n. 9.610/1998 e punido pelo art. 184 do Código Penal.

Dados Internacionais de Catalogação na Publicação (CIP)
(Câmara Brasileira do Livro, SP, Brasil)

Diehl, Rafael de Mesquita
 Documentos contemporâneos da Igreja: Evangelium Vitae, Deus Caritas Est e Evangelii Gaudium/Rafael de Mesquita Diehl. Curitiba: InterSaberes, 2020. (Série Princípios de Teologia Católica)

 Bibliografia.
 ISBN 978-85-227-0320-3

 1. Concílio Vaticano (2.: 1962-1965) – História 2. Ecumenismo 3. Igreja Católica – Educação – Documentos papais 4. Igreja Católica – História I. Título II. Série.

20-33043   CDD-262.91

Índices para catálogo sistemático:
1. Documentos papais: Igreja Católica   262.91

Maria Alice Ferreira – Bibliotecária – CRB-8/7964

Sumário

Apresentação, 13
Como aproveitar ao máximo este livro, 25

1	A encíclica *Evangelium Vitae*, 29
1.1	Formação de Karol Wojtyła, 32
1.2	O pontificado de João Paulo II (1978-2005), 41
1.3	Contexto de produção da *Evangelium Vitae*, 47
1.4	Análise da *Evangelium Vitae*, 53
1.5	Repercussão e recepção da *Evangelium Vitae*, 96

2	A encíclica *Deus Caritas Est*, 101
2.1	Formação de Joseph Ratzinger, 104
2.2	O pontificado de Bento XVI, 108
2.3	Contexto de produção da *Deus Caritas Est*, 110
2.4	Análise da *Deus Caritas Est*, 112
2.5	Repercussão da *Deus Caritas Est*, 130

3   A exortação apostólica *Evangelii Gaudium*, 135

3.1   Formação de Jorge Bergoglio, 138
3.2   O pontificado de Francisco, 140
3.3   Contexto de produção da *Evangelii Gaudium*, 141
3.4   Análise da *Evangelii Gaudium*, 142
3.5   Repercussão da *Evangelii Gaudium*, 161

4   Comparações entre os documentos, 167

4.1   As concepções teológicas, 170
4.2   As concepções filosóficas, 172
4.3   As concepções pastorais, 174
4.4   A questão social, 176

Considerações finais, 183
Referências, 187
Bibliografia comentada, 207
Respostas, 211
Sobre o autor, 213

Dedico esta obra à memória do Monsenhor Luiz Gonzaga Gonçalves (1924-2017), sacerdote da Arquidiocese de Curitiba, servo fiel da Igreja e zeloso apóstolo da Eucaristia.

Agradeço primeiramente a Deus, pela sempre solícita Providência e a todos os anjos e santos pela constante intercessão na Corte Celeste.

Em segundo lugar, agradeço ao apoio de toda a minha família: meus pais Cesar Aloisio Diehl e Evalda Maria de Mesquita Diehl, meu irmão Daniel de Mesquita Diehl e minha esposa Emiliane Dias Lima Diehl, por todo o apoio moral e material. Agradeço também, especialmente, a Catiane Rodrigues, que testemunhou as pilhas de livros necessárias à realização deste texto. Agradeço a meus avós paternos (*in memoriam*) Oscar e Leopoldina e a meus avós maternos Alvaro e Sônia.

Agradeço também aos meus sogros e a toda a família Dias Lima.

Agradeço profundamente a todos os meus alunos, pelo constante apoio moral e pelas orações.

Por fim, sinto-me devedor de todos os sacerdotes que me orientaram e de todos aqueles que auxiliaram na leitura do texto, pelo apoio, pelas críticas e pelas sugestões que ajudaram a concluir esta obra.

"Simão, Simão, eis que Satanás vos reclamou para vos peneirar como o trigo; mas eu roguei por ti, para que a tua confiança não desfaleça; e tu, por tua vez, confirma os teus irmãos." (Lc 22,31-32)

"Assim, pois, irmãos, ficai firmes e conservai os ensinamentos que de nós aprendestes, seja por palavras, seja por carta nossa." (2Ts 2,15)

Apresentação

Prezados leitores, o objetivo desta obra é apresentar um breve panorama de três documentos da Igreja na época contemporânea (séculos XX e XXI): a encíclica *Evangelium Vitae* (1995), de João Paulo II (1978-2005), a encíclica *Deus Caritas Est* (2005), de Bento XVI (2005-2013), e a exortação apostólica *Evangelii Gaudium* (2013), do Papa Francisco (2013-).

Escolhemos esses documentos porque entendemos que representam temáticas centrais em cada um dos referidos pontificados: João Paulo II, na defesa da vida frente à expansão da "cultura da morte", sob o manto de "novos direitos humanos", nos anos 1990; Bento XVI, na insistência do amor como princípio da ação da Igreja, em contraste com uma década que viu a expansão dos movimentos fundamentalistas pelo mundo; e Francisco, na pregação de uma Igreja em permanente movimento, saindo ao encontro do ser humano (especialmente dos pobres e dos excluídos) para anunciar a boa nova da salvação.

Para tanto, é necessário que recordemos alguns elementos específicos do Magistério da Igreja e seu exercício pelo papa, bem como definamos a nomenclatura e as funções dos principais documentos utilizados na Igreja Católica.

Diz o Catecismo da Igreja Católica (1992, n. 85) que:

> O encargo de interpretar autenticamente a Palavra de Deus, escrita ou contida na Tradição, foi confiado só ao Magistério vivo da Igreja, cuja autoridade é exercida em nome de Jesus Cristo [...], isto é, aos bispos em comunhão com o sucessor de Pedro, o bispo de Roma.
>
> "Todavia, este Magistério não está acima da Palavra de Deus, mas sim ao seu serviço, ensinando apenas o que foi transmitido, enquanto, por mandato divino e com a assistência do Espírito Santo, a ouve piamente, a guarda religiosamente e a expõe fielmente, haurindo deste depósito único da fé tudo quanto propõe à fé como divinamente revelado" [...].
>
> Os fiéis, lembrando-se da palavra de Cristo aos Apóstolos: "Quem vos escuta escuta-me a Mim" (Lc 10,16) [...], recebem com docilidade os ensinamentos e as diretrizes que os seus pastores lhes dão, sob diferentes formas.

O Magistério da Igreja, portanto, é o conjunto de pastores instituídos por Cristo para exercerem legitimamente a interpretação da Revelação (escrituras, tradição apostólica e os pronunciamentos da própria Igreja) e comunicá-la aos fiéis. Conforme explicita Rifan (2007): "O Magistério que Cristo instituiu é, assim, um Magistério vivo, feito de pessoas vivas, que nos guiassem perpetuamente em todos os momentos, que nos acompanhassem na caminhada, que interpretassem os princípios perenes e os aplicassem nas diversas circunstâncias que apareceriam". O Magistério da Igreja é, dessa forma, composto de pessoas vivas e atua de forma contínua na vida eclesial.

Segundo o *site* da Diocese de Anápolis (2020), podemos definir melhor os sujeitos do Magistério da Igreja:

> Por "magistério comum da Igreja dispersa pelo mundo" deve entender-se a anunciação dos bispos que permanecem em união com o papa. Quanto a isso existe a concordância unânime dos teólogos. Parece que no magistério comum da Igreja dispersa pelo mundo deve ser incluído também o clero inferior e os leigos que pela missão canônica participam da função episcopal de ensinar.

Faz parte do magistério comum quase toda a doutrina do papa (e das instituições que o apoiam por mandato seu) na área da fé e dos costumes. Constituem exceção os casos extremamente raros de doutrina "ex cathedra".

Se dizemos que o Magistério da Igreja é vivo, é porque ele continua operante, não somente por meio de seus documentos, mas pela contínua atuação e pelo ensino da Igreja através dos séculos. Esse Magistério goza da assistência do Espírito Santo para guiar a Igreja no caminho da verdade (Rifan, 2007). Entretanto, nem todos os atos do Magistério, tampouco todos os seus documentos, têm igual valor.

Conforme explica Rifan (2020):

> Há diversos graus de autoridade nos ensinamentos da Igreja. No primeiro grau, estão as verdades divinamente reveladas, ensinadas de forma solene pelo Magistério infalível, que exigem de nós assentimento pleno e irrevogável de fé. No segundo grau, estão as verdades relacionadas com o campo dogmático ou moral, necessárias para guardar e expor o depósito da fé, propostas de modo definitivo pela Igreja, a que devemos também um assentimento pleno e irrevogável, baseado na fé da assistência do Espírito Santo ao Magistério. No terceiro grau, estão os ensinamentos que o Romano Pontífice ou o Colégio Episcopal propõem quando exercem o magistério autêntico, ainda que não entendam proclamá-los com um ato definitivo.

Com base na categorização feita por Dom Fernando Rifan, observamos que existem elementos mais solenes e universais no Magistério que obrigam mais à consciência do fiel católico do que outros. Como exemplo, uma verdade de fé proclamada por uma encíclica tem valor maior do que uma diretriz proposta por um concílio ou uma exortação levando em conta um contexto específico (já que a doutrina da fé é imutável, ao passo que as formas de atuação pastoral e as próprias normas canônicas se adaptam continuamente a diferentes contextos históricos e geográficos).

Sobre o assentimento ao Magistério, quando este não for infalível, escreve Araruna (2020, grifo nosso) que:

> O assentimento ao Magistério Supremo não infalível não pode, então, ser absoluto e a maioria dos teólogos diz que se trata de um assentimento moralmente certo. Trata-se, por conseguinte, de uma certeza moral, que, como dissemos, não exclui a possibilidade do erro, mas somente a sua probabilidade. Os teólogos acrescentam que esse assentimento deve ser também condicionado, quer dizer, implicando a seguinte condição: a não ser que o contrário seja decidido ou tenha sido decidido pela Igreja e a não ser que o contrário seja demonstrado com verdadeira evidência pela razão. Trata-se, pois, de um assentimento interno e religioso da vontade e da inteligência, mas que é moralmente certo e condicionado.
>
> Deve-se, então, ao Magistério supremo não infalível um verdadeiro assentimento interior da inteligência e da vontade, salvo se a condição se realiza. Trata-se, então, de um assentimento correspondente à certeza moral e condicionado, porque em certas condições – a definição do contrário pela Igreja ou a evidência do contrário provada pela razão – esse assentimento não será mais obrigatório. Os teólogos atuais esquecem com muita frequência a condicionalidade desse assentimento. Eles esquecem os si (se), *quamdiu* (enquanto), *nisi* (salvo se), *donec* (até que), utilizados pelos

teólogos católicos para indicar a condicionalidade desse assentimento e expõem o Magistério Supremo *mere authenticum* como se obrigasse a uma adesão absoluta.

Conforme exposto pelo teólogo Ailton Bento Araruna, há certas circunstâncias em que o assentimento ao magistério não infalível deve estar condicionado, lendo-o em consonância com o restante do ensino da Igreja.

Vejamos, agora, os tipos de documentos da Igreja. Sabemos que a Igreja se utilizou de vários formatos para registrar seus atos e ensinamentos ao longo da história. Tal costume pode ter se originado no próprio povo hebreu, para o qual a cultura escrita representava não só um elemento importante da vida burocrática e reflexiva (como também ocorria em outras civilizações da época), mas também era o veículo primordial da comunicação entre Deus e seu povo.

Naturalmente, quando mencionamos esse *tipo de documento* da Igreja, não estamos nos referindo àqueles de caráter mais cotidiano e burocrático, como registros paroquiais ou atas de batismo. Estamos falando dos documentos que expressam os ensinamentos e as doutrinas oficiais da Igreja, bem como algumas normas e diretrizes de caráter mais abrangente.

Entre os documentos doutrinais e pastorais da Igreja, sobressaem-se, atualmente, os documentos pontifícios, isto é, aqueles que levam a assinatura e a chancela do Romano Pontífice.

O primeiro tipo de documento utilizado na Igreja foi a **carta**. De fato, desde o Novo Testamento, os apóstolos e, em seguida, os bispos, utilizaram-se da carta como veículo principal para comunicarem suas mensagens ao rebanho de Cristo. Os papas também utilizaram cartas para responder a dúvidas de clérigos e leigos a respeito de questões de doutrina ou da administração da Igreja, já desde os tempos antigos.

O que hoje chamamos de **carta apostólica** divide-se, na verdade, em dois tipos, com diferentes nomenclaturas latinas. A *epistula apostolica* é dirigida aos bispos e aos fiéis, abordando – de forma menos solene que em uma encíclica – alguns temas da doutrina cristã. Como exemplo, podem ser citados os documentos *Mulieris Dignitatem* (que aborda a dignidade singular do sexo feminino à luz da perspectiva cristã), publicado por João Paulo II, em 1988, e *Ordinatio Sacerdotalis* (em que se proclama a impossibilidade do acesso ao sacerdócio ministerial por mulheres), publicada pelo mesmo papa, em 1994. Já as *litterae apostolicae* abordam assuntos mais gerais da vida da Igreja, como temas disciplinares, beatificações e declarações de padroeiros (Aquino, 2018; Diocese de Anápolis, 2020; Diocese de Santos, citada por Agnus Dei, 2020; Lima, 2004). Podemos citar como exemplo o documento *Apostolicae Curae* (que nega a validade das ordenações da Igreja Anglicana), publicado pelo Papa Leão XIII, em 1896, e o *Maxima beatitudo* (que beatificou o engenheiro espanhol Francisco de Paula Castelló y Aleu – 1914-1936), publicado por João Paulo II, em 2001.

Em seguida, temos as chamadas **constituições apostólicas**. Elas se dividem em **constituições apostólicas dogmáticas** (que tratam de dogmas, doutrinas) e **constituições apostólicas disciplinares** (que tratam de assuntos de disciplina da Igreja). Podemos dizer que estes são documentos de caráter mais normativo que as cartas apostólicas (Aquino, 2018; Diocese de Santos, citada por Agnus Dei, 2020; Lima, 2004). Como exemplo de constituição apostólica dogmática, podemos citar o documento *Munificentissimus Deus* (proclamação do dogma da Assunção da Virgem Maria), publicado, em 1950, pelo Papa Pio XII. Como exemplo de constituição apostólica disciplinar, temos o documento *Veritatis Gaudium* (contendo normas para universidades e faculdades eclesiásticas), promulgado pelo Papa Francisco, em 2017.

Um tipo de documento pontifício que já foi bastante utilizado e hoje é pouco comum é a **bula**. O nome deriva da bola (em latim, *bulla*) de chumbo com a qual eram selados os documentos mais importantes dos papas desde o período medieval. A bula é um documento solene, utilizado para atos de grande envergadura, como declarações doutrinárias, proclamação de jubileus, canonizações, excomunhões e ereções de dioceses (Aquino, 2018; Diocese de Santos, citada por Agnus Dei, 2020; Lima, 2004). Como exemplos de bula, podemos citar a *Ineffabilis Deus* (proclamação do dogma da Imaculada Conceição da Virgem Maria), publicada pelo Papa Pio IX, em 1854, e a *Super specula militantis Ecclesiae* (criação da Sé de Salvador, primeira diocese do Brasil), promulgada pelo Papa Júlio III, em 1551. Atualmente, bulas não são muito utilizadas por causa das mudanças na forma de produção de documentos escritos (que não são mais enrolados e selados como antigamente).

O **breve pontifício** é um documento mais sintético e menos solene do que a bula. Geralmente, trata de assuntos específicos de caráter predominantemente disciplinar. Como exemplos de breve, podemos citar o documento *Dominus ac Redemptor* (supressão da Companhia de Jesus, os jesuítas), publicado pelo Papa Clemente XIV, em 1773, ou os documentos de dispensas matrimoniais emitidos pelos papas a diferentes monarcas europeus ao longo da história (Aquino, 2018; Diocese de Anápolis, 2020; Lima, 2004).

Um documento que, geralmente, tem um caráter mais autoral e pessoal dos papas é o chamado ***motu proprio***. Esse tipo de documento é fruto da iniciativa do próprio pontífice romano e, normalmente, está ligado a algum assunto que ele considera importante para as necessidades da Igreja em determinado momento (Aquino, 2018; Diocese de Anápolis, 2020; Diocese de Santos, citada por Agnus Dei, 2020; Lima, 2004). Como exemplos de *motu proprio* podemos citar o *Summorum Pontificum* (sobre disposição para a celebração da forma ordinária do

Rito Romano, vulgarmente conhecida como *liturgia tridentina*), publicado pelo Papa Bento XVI, em 2007, e *Summa familiae cura* (instituição do Pontifício Instituto Teológico João Paulo II para as Ciências do Matrimônio e da Família), publicado pelo Papa Francisco, em 2017.

Outro documento de ordem mais prática é o **rescrito**. Originalmente, tratava-se de um documento responsivo, dirigido àqueles que solicitavam uma consulta, um favor ou dispensa da Sé Apostólica. (Aquino, 2018; Lima, 2004). Como exemplos, podemos citar dois documentos do Papa Francisco, um deles de 2016 (que trata de normas canônicas sobre a ereção de Institutos Diocesanos) e o outro de 2018 (no qual se altera a redação do número 2.267 do Catecismo da Igreja Católica).

O tipo de documento papal mais divulgado e lido nos séculos XX e XXI é a **carta encíclica**. Seu nome vem do grego e significa "circular". Trata-se de uma carta do papa dirigida a todos os bispos, ao clero, aos fiéis católicos e (dependendo do tema) às pessoas em geral. Aborda assuntos ligados à doutrina, à moral, a questões sociais ou econômicas (Aquino, 2018; Arquidiocese do Rio de Janeiro, 2015; Diocese de Anápolis, 2020; Diocese de Santos, citada por Agnus Dei, 2020; Lima, 2004). Podemos citar como exemplos (além das duas encíclicas que analisaremos no presente livro) o documento *Immortale Dei* (sobre a doutrina cristã acerca do Estado), publicado por Leão XIII, em 1885, e o documento *Laudato Si'* (sobre os cuidados com o Meio Ambiente), publicado pelo Papa Francisco, em 2015.

O aumento da utilização das encíclicas pelos papas desde o século XIX pode ser relacionado com os seguintes fatores:

1. O surgimento de novos temas econômicos, sociais e morais que precisavam ser mais bem compreendidos e enfrentados sob a perspectiva cristã.

2. O crescimento da imprensa e dos meios de comunicação, aumentando materialmente o alcance das mensagens do papa.
3. A transformação do papa em uma figura mais midiática com a expansão das mídias em geral, especialmente a grande audiência do rádio e da televisão desde o século XX.

Outro documento pontifício de bastante difusão desde o século XX é a **exortação apostólica**. Esse tipo de documento tem caráter recomendativo, no qual o papa dirige admoestações e recomendações a um grupo ou à totalidade da Igreja (Diocese de Santos, citada por Agnus Dei, 2020). As exortações apostólicas são muito comumente publicadas pelos papas após os sínodos dos bispos, abordando o tema discutido na referida assembleia. Como exemplos, podemos citar (além da *Evangelii Gaudium*, analisada na presente obra) o documento *Marialis Cultus* (sobre o culto à Virgem Maria), publicado por Paulo VI, em 1974, e o documento *Ecclesia in America* (sobre a ação da Igreja no continente americano), publicado por João Paulo II, em 1999.

Nossa análise procurou não somente fazer uma exposição sintetizada do assunto de cada documento, mas também contextualizá-los em relação à formação intelectual de seus autores e dos acontecimentos históricos que antecederam a publicação. Buscamos também, na medida do possível, tecer algumas considerações sobre a repercussão de cada documento na Igreja e na sociedade. Essa opção se justifica porque – além de serem veículos de exposição e de divulgação do ensino e de diretrizes oficiais da Igreja – tais documentos são também fontes históricas que, para uma correta compreensão, precisam ser analisadas levando-se em conta seu contexto de produção e recepção.

Chamamos de *fontes históricas* ou *documentos históricos* todos os vestígios da ação humana no tempo (não somente documentos escritos, mas também ferramentas, utensílios, obras de arte, vestimentas, construções etc.). Em geral, podemos aventar na fonte histórica seu elemento material (a exterioridade, a forma, a composição), sua autoria, a ideia que ela contém (implícita ou explícita), sua finalidade, seus destinatários e sua recepção (Barros, 2012a; 2012b). Em nosso caso, não nos deteremos muito na materialidade das fontes porque visamos, primordialmente, analisar a mensagem contida, sua relação com o autor e sua repercussão na Igreja e no mundo.

Outro elemento importante para entendermos os documentos contemporâneos da Igreja é conhecermos brevemente os contextos teológico, estrutural e intelectual da Igreja Católica nos séculos XX e XXI. Entre essas concepções podemos citar o **neotomismo** (renovação dos estudos tomistas, iniciada no século XIX, de tendência mais tradicionalista), a *nouvelle theologie* ou **nova teologia** (que buscava um retorno à patrística e uma maior flexibilidade em relação ao imobilismo dos neotomistas) e o **tomismo transcendental** (que buscava estabelecer um diálogo entre a teologia tomista e a filosofia moderna, especialmente com as categorias do pensamento de Immanuel Kant). No Concílio Vaticano II (1962-1965), apesar da presença dessas três correntes teológicas, houve um predomínio da nova teologia e do tomismo transcendentais. Dos anos 1960 em diante, houve também o surgimento de novas correntes teológicas na América Latina, frisando as questões sociais e dialogando com conceitos e metodologias de outras ciências humanas e sociais (Rowland, 2013; Saranyana; Illanes, 1995).

No Capítulo 1, trataremos da formação intelectual e do pontificado de João Paulo II, bem como analisaremos o contexto, o conteúdo e a recepção da encíclica *Evangelium Vitae*.

No Capítulo 2, abordaremos os aspectos intelectuais e históricos da vida e do pontificado de Bento XVI, além de fazermos uma análise do conteúdo e do impacto de sua encíclica *Deus Caritas Est*.

No Capítulo 3, por sua vez, abordaremos a trajetória intelectual e pastoral do Papa Francisco, com uma análise da sua exortação apostólica *Evangelii Gaudium*, tentando observar seus efeitos iniciais na Igreja e em seu pontificado.

Por fim, no Capítulo 4, buscamos fazer algumas comparações entre as ideias e as abordagens contidas em cada um dos três documentos analisados, observando suas diferenças e suas similaridades.

Desejamos que a leitura deste livro possa contribuir para o crescimento do seu interesse no estudo dos documentos da Igreja e, principalmente, no cultivo de uma intimidade maior com Cristo!

Como aproveitar ao máximo este livro

Empregamos nesta obra recursos que visam enriquecer seu aprendizado, facilitar a compreensão dos conteúdos e tornar a leitura mais dinâmica. Conheça a seguir cada uma dessas ferramentas e saiba como elas estão distribuídas no decorrer deste livro para bem aproveitá-las.

Introdução do capítulo

Logo na abertura do capítulo, você é informado a respeito dos conteúdos que nele serão abordados, bem como dos objetivos que o autor pretende alcançar.

A encíclica *Evangelium Vitae* foi publicada pelo Papa João Paulo II, em 25 de março de 1995, no 17º ano de seu pontificado. Sua temática visava apontar com clareza a doutrina da Igreja Católica sobre a dignidade e a inviolabilidade da vida humana. O texto abordou temas ligados diretamente a essa questão e que estavam sendo bastante discutidos nos ambientes intelectuais, científicos e políticos na passagem do século XX para o século XXI.

A insistência na defesa da dignidade da vida humana foi uma constante no pontificado de João Paulo II. É por esta razão que apresentamos a *Evangelium Vitae* como uma síntese do pensamento desse papa e do ensino oficial católico sobre o assunto.

Síntese

Ao final de cada capítulo, relacionamos as principais informações nele abordadas a fim de que você avalie as conclusões a que chegou, confirmando-as ou redefinindo-as.

Atividades de autoavaliação

Apresentamos estas questões objetivas para que você verifique o grau de assimilação dos conceitos examinados, motivando-se a progredir em seus estudos.

Atividades de aprendizagem

Aqui apresentamos questões que aproximam conhecimentos teóricos e práticos a fim de que você analise criticamente determinado assunto.

Bibliografia comentada

Nesta seção, comentamos algumas obras de referência para o estudo dos temas examinados ao longo do livro.

1
A encíclica Evangelium Vitae

A encíclica *Evangelium Vitae* foi publicada pelo Papa João Paulo II, em 25 de março de 1995, no 17º ano de seu pontificado. Sua temática visava apontar com clareza a doutrina da Igreja Católica sobre a dignidade e a inviolabilidade da vida humana. O texto abordou temas ligados diretamente a essa questão e que estavam sendo bastante discutidos nos ambientes intelectuais, científicos e políticos na passagem do século XX para o século XXI.

A insistência na defesa da dignidade da vida humana foi uma constante no pontificado de João Paulo II. É por esta razão que apresentamos a *Evangelium Vitae* como uma síntese do pensamento desse papa e do ensino oficial católico sobre o assunto.

1.1 Formação de Karol Wojtyła

Karol Józef Wojtyła nasceu em 18 de maio de 1920, na cidade de Wadowice, na Polônia. Era o terceiro filho de Karol Wojtyła (1879-1941), um militar polonês de 40 anos, e de Emilia Kaczorowska (1884-1929), dona de casa de 36 anos, que ajudava a família trabalhando como costureira. A Polônia havia se tornado uma nação independente dois anos antes, após várias influências e dominações de povos vizinhos desde o século XVIII. No mesmo ano de nascimento do menino Karol Józef Wojtyła, a nação polaca rechaçou uma tentativa de invasão da Rússia comunista (Baptista, 2004; Cerqueira, 2014).

Entre 1930 e 1938, Karol estudou no Liceu Marcin Wodowita, tendo na grade curricular Matemática, História, Língua e Literatura Polonesa, Latim e Grego. O jovem polonês destacou-se nos estudos e pretendia, nessa época, seguir carreira acadêmica na área de artes e literatura. Aqui percebemos como desde jovem Wojtyła mostrava aptidão para o campo artístico. Durante as férias de verão de 1938 (que, no Hemisfério Norte, ocorre no meio do ano, aproximadamente), Karol prestou o serviço militar e, em seguida, mudou-se para Cracóvia com seu pai, onde iniciou os estudos na Faculdade de Filosofia da Universidade Jaguelônica, no curso de Filologia Polaca (Baptista, 2004; Cerqueira, 2014). "Esta Universidade, fundada em 1364, foi um dos centros de ensino mais importantes da Europa, uma vez que era um ponto de encontro de cristãos e da cultura humanista" (Baptista, 2004, p. 16). Simultaneamente ao primeiro ano de faculdade, Wojtyła assistia a aulas particulares de francês e trabalhava como voluntário em uma biblioteca.

Os estudos de Karol foram interrompidos em setembro de 1939, com a invasão alemã (sob ordens do então chefe do governo e líder do partido nazista, Adolf Hitler) da Polônia, evento que deflagrou o início da Segunda Guerra Mundial (1939-1945). Com a ocupação alemã da parte ocidental da Polônia, Karol e seu pai, que haviam inicialmente fugido, retornaram a Cracóvia por conta da ocupação soviética na parte oriental do país[1]. O comando militar alemão de ocupação praticava uma política de restrição cultural, proibindo a língua polaca, fechando instituições de ensino e impedindo diversas expressões artísticas (Baptista, 2004; Cerqueira, 2014; L'Osservatore Romano, 2014).

Em 1940, Wojtyła começou a trabalhar em uma mina e, depois, em uma fábrica de química como operário. No ano seguinte, faleceu seu pai. Durante esses primeiros anos de ocupação alemã, o jovem estudante polonês dedicava-se também às atividades culturais clandestinas (pois os alemães haviam banido grande parte das manifestações culturais polonesas), revelando talento para o teatro. Também tomara parte em um grupo de leigos católicos chamado "Rosário Vivo", liderado pelo alfaiate Jan Tyranowski (1901-1947), em que os membros se mantinham unidos pela prática da oração e auxílio mútuo (Baptista, 2004; Cerqueira, 2014; L'Osservatore Romano, 2014).

Esse movimento exerceu forte influência na espiritualidade do jovem polonês, conforme aponta Baptista (2004, p. 27):

> Como discípulo de Jan Tyranowski, Karol Wojtyla cada vez mais se convencia que a santidade não residia apenas nos locais de culto, como seu pai também lhe havia transmitido, mas na vivência espiritual de cada um com Deus. Assim sendo, a santidade era a vocação de todos na Igreja. Neste contexto de oração Jan Tyranowski tinha incutido em Karol Wojtyla a necessidade de rezar

---

[1] Embora existissem perseguições e restrições à Igreja Católica na Alemanha nazista, é inegável que a perseguição nos territórios soviéticos (que seguiam um ateísmo de Estado) era então muito mais intensa. Esse fato fez com que grande parte dos poloneses católicos preferissem ficar nos territórios ocupados pelos alemães. Os poloneses judeus, por outro lado, refugiaram-se nos territórios soviéticos para fugirem da perseguição certa do antissemitismo nazista (Diehl, 2018; Baptista, 2004; Cerqueira, 2014; Daniel-Rops, 2006). A repartição da Polônia entre Alemanha e URSS fora resultado de uma política de não agressão firmada entre Adolf Hitler e Josef Stálin (líder da União Soviética).

não só como uma obrigação ou uma devoção, mas como um meio de entrar na presença de Deus. Esta ligação com Deus deveria ser ânimo para todos os momentos da vida. Desta forma, Karol Wojtyla sentiu o florescer da condição humana, radicalmente oposta à dos elementos da ocupação. Era uma proposta de total entrega à vontade misericordiosa de Deus, era a possibilidade de imitar Cristo que se entregou ao Pai.

No mês de outubro de 1942, Karol entrou para o Seminário de Cracóvia, que funcionava de forma clandestina (devido às restrições do comando militar alemão). A formação do seminário despertou naquele aspirante ao sacerdócio também um novo interesse pela filosofia (Baptista, 2004; Cerqueira, 2014; L'Osservatore Romano, 2014). Os anos de guerra, a ocupação militar e o totalitarismo influenciaram profundamente Karol, que pôde presenciar não só as dificuldades e as violências vivenciadas pelo ser humano, como também os atos de heroísmo e sacrifícios cometidos por muitas pessoas. Assim, Wojtyła via a história centralizada na cruz de Cristo (Baptista, 2004, p. 25):

> Iremos constatar que a "experiência da guerra foi decisiva na hora de formar o homem que se tornaria no Papa João Paulo II. Os horrores da guerra e um encontro inesperado durante a ocupação com um místico laico iniciaram a conversão espiritual carmelita de Karol Wojtyla, que considerava a Cruz centro da vida cristã e inclusive da história humana. Foi durante a ocupação, e em parte devido a ela, que a sua vocação começou a orientar-se inexoravelmente para o sacerdócio" [citação de Weigel, 1999, p. 46].
>
> Apesar do terror, da violência, da pobreza e da morte, Karol tinha conhecimento de inexplicáveis actos de heroísmo, de pessoas dos mais diversos meios que lutavam pela sobrevivência moral. Contudo nem todos reagiam desta forma, pois muitas pessoas chegaram à conclusão de que a vida era um completo absurdo. Dada a sua formação, Karol Wojtyla "chegou a uma conclusão distinta e

cresceu com rapidez como um homem, como um pensador e como um discípulo" [citação de Weigel, 1999, p. 47].

No ano de 1945 findou a Segunda Guerra Mundial, com a rendição alemã em 8 de maio e a capitulação japonesa em 2 de setembro desse mesmo ano. Essa guerra, iniciada com a invasão alemã na Polônia, não poderia ter obtido resultado mais irônico e trágico para os poloneses: os representantes dos países mais importantes dos Aliados (EUA, Grã-Bretanha e URSS) haviam concordado, na Conferência de Yalta (14 a 11 de fevereiro de 1945), em entregar a Polônia à esfera de influência soviética. A Polônia formou então uma república governada por um partido comunista, o que, na prática, colocava-a sob o controle da URSS.

Os primeiros anos da influência soviética foram particularmente difíceis para a população católica polonesa, especialmente o clero e os religiosos:

> Depois do Padre Karol Wojtyla ter partido para Roma a situação na Polônia tornou-se caótica. A única cidade que não ficou em ruínas foi Cracóvia. Por todo o lado havia destroços, as infraestruturas tinham sido danificadas e a demografia tinha sido drasticamente alterada a nível de todas as classes sociais.
>
> O regime comunista que dominava a vida política e econômica da Polônia, procurava incutir no povo uma ideologia ateísta e uma ruptura na maneira de ler a história nacionalista e o catolicismo polaco. As pessoas continuavam a viver num clima de medo, de prisões e espancamentos.
>
> A Igreja encontrava-se enfraquecida frente aos acontecimentos que fizeram com que cerca de um terço dos membros do clero tivesse sido assassinado ou morto em campos de concentração. Contudo os actos de heroísmo e os sacrifícios do clero ao lado do povo polaco deram à Igreja enorme credibilidade moral. (Baptista, 2004, p. 35)

Em 20 de outubro de 1946, Karol recebeu a ordem do diaconato e, em 1º de setembro do mesmo ano, foi ordenado presbítero na capela pessoal do cardeal-arcebispo de Cracóvia. No mesmo ano em que recebera as sacras ordens, Wojtyła transferiu-se para Roma para estudos na Faculdade de Teologia da Pontifícia Universidade Santo Tomás de Aquino de Roma (mais conhecida como *Angelicum*). Nesta instituição de ensino, o sacerdote polaco concluiu um mestrado em Teologia sobre a obra de Max Scheler[2] (3 de julho de 1947) e um doutorado em Teologia sobre São João da Cruz[3] (19 de junho de 1948). Foi nessa época de estudos no *Angelicum* que o padre Karol tomou contato com as ideias da *nouvelle theologie*, embora tenha redigido sua tese de doutorado sob orientação do dominicano Reginald Garrigou-Lagrande (1877-1964), principal nome da teologia neoescolástica/neotomista dominante nas décadas finais do século XIX e no início do século XX (Baptista, 2004; Cerqueira, 2014).

Na passagem da década de 1940 para a de 1950, o padre polonês atuou como pároco em Cracóvia, tendo exercido atividades pastorais com os jovens. Durante esse período, buscava formar seus paroquianos com palestras expondo a concepção cristã sobre a existência humana e criticando os pressupostos da filosofia ateia do marxismo. Também organizou grupos de adultos e jovens casais com o propósito de dar formação voltada à vida matrimonial e familiar. Em 1951, o arcebispo Eugeniusz Baziak (1890-1962), na época administrador apostólico da diocese de Cracóvia[4], enviou o padre Karol para cursar um novo

---

2 Max Scheler (1874-1928) foi um filósofo alemão que se opôs à concepção ética de Immanuel Kant (1724-1804). Scheler tinha uma concepção filosófica de tendências fenomenologistas e personalistas. Seu pensamento ético exerceu influência nas concepções de Karol Wojtyła.

3 São João da Cruz (1542-1591) foi um sacerdote e frade carmelita da Igreja Católica. Foi um dos grandes nomes da teologia mística espanhola do século XVI e contribuiu para a reforma da Ordem do Carmelo, juntamente com Santa Teresa d'Ávila (1515-1582).

4 Baziak ficou como administrador apostólico por 12 anos, devido ao insucesso de um acordo entre a Santa Sé e o governo comunista acerca da nomeação do novo bispo de Cracóvia (Baptista, 2004).

doutorado que lhe garantisse a habilitação para lecionar no meio universitário. Esse doutorado em Filosofia foi cursado na Universidade Jaguelônica entre setembro de 1951 e novembro de 1953, quando a banca examinadora aprovou sua tese. O título de doutor foi concedido em 1954 pela universidade, embora fosse proibido pelas autoridades comunistas da Polônia de usar o título formalmente (Baptista, 2004; Cerqueira, 2014).

Foi também no ano de 1953 que Wojtyła iniciou sua carreira como professor universitário, lecionando Ética Social na Faculdade de Teologia da Universidade Jaguelônica. Esse cargo, entretanto, foi extinto no final desse mesmo ano, quando o governo comunista fechou a essa universidade e diversas outras instituições universitárias católicas, mantendo somente a Universidade Católica de Lublin. Esta funcionou durante todo o período de influência soviética, embora com constantes conflitos e restrições por parte do governo. Segundo Baptista (2004), o isolamento da instituição de Lublin pelas demais instituições de ensino superior reconhecidas pelo regime comunista acabou por favorecer o desenvolvimento de uma linha mais humanista na referida universidade, em contraposição à predominância das tendências marxistas no restante do meio acadêmico do Leste Europeu.

Em 1954, o padre Karol iniciou a carreira de professor na Faculdade de Filosofia da Universidade Católica de Lublin, com a aprovação do arcebispo Baziak. Manteve residência em Cracóvia, onde continuava suas atividades pastorais, deslocando-se para Lublin quinzenalmente para suas aulas. Sobre o ambiente acadêmico humanista da Universidade de Lublin, Batista aponta que havia uma forte influência das dificuldades enfrentadas pelo povo polaco naquelas décadas de opressão pelos regimes nazista e comunista:

> Os filósofos da KUL [Katolicki Uniwersytet Lubelski – Universidade Católica de Lublin], incluindo o Padre Karol Wojtyla, estavam

> convencidos de que todas as atrocidades do século advinham da crise no entendimento moderno da pessoa humana, pelo que, começaram a delinear uma nova perspectiva filosófica que englobaria a metafísica, a antropologia e a ética. Assim sendo, utilizariam a metafísica a partir da teoria geral da realidade, permitindo-lhes explicar as coisas como elas são; a antropologia contribuiria com a natureza e o destino da pessoa humana e, por fim, a ética fazendo ponto de encontro com a questão "O que devemos fazer?". Era urgente um humanismo mais completo que desse maior importância às instituições morais humanas e à ação moral humana. Este era o desafio da KUL frente a um regime materialista e comunista que privava os polacos do seu poder de escolha, da sua responsabilidade e, particularmente, da sua humanidade. (Baptista, 2004, p. 50)

Como podemos ver, o centro da formação intelectual de Karol era a pessoa humana e sua dignidade. Naturalmente, essa concepção não se refletia unicamente nas aulas do sacerdote polonês, mas também em sua atuação pastoral e em suas homilias e pregações. Em 4 de julho de 1958, o Papa Pio XII nomeou Wojtyła como bispo titular de Ombi e auxiliar de Cracóvia, notícia que o padre polonês recebeu somente em agosto do mesmo ano. A ordenação episcopal ocorreu em 28 de setembro. As atividades pastorais exigidas pelo múnus do episcopado obrigaram o novo bispo a encerrar a carreira universitária no ano de 1961 (Baptista, 2004; Cerqueira, 2014; L'Osservatore Romano, 2014).

> O término da carreira de professor universitário não encerrou o viés intelectual e acadêmico do bispo auxiliar de Cracóvia, que continuou abordando (em livros, debates, pregações) temas profundos de natureza filosófica e teológica. Karol participou ativamente de várias sessões do Concílio Vaticano II (1962-1965), tendo contribuído especialmente para os seguintes temas: liturgia, fontes da revelação, liberdade religiosa, papel dos leigos na Igreja, a

condição humana e a relação com o mundo moderno. Ainda durante o período conciliar, Wojtyła foi nomeado arcebispo de Cracóvia pelo Papa Paulo VI (30 de dezembro de 1963), tomando posse da sé metropolitana em 8 de março de 1964 (Baptista, 2004; Cerqueira, 2014; L'Osservatore Romano, 2014).

Segundo Damascena (2016, p. 40-41), o centro do pensamento do bispo Karol nas participações conciliares era a pessoa humana:

> Quando Karol Wojtyła, já arcebispo de Cracóvia, foi consultado sobre os temas a serem tratados pelo Concílio Vaticano II, ele, em sua resposta à Santa Sé, dedicou o primeiro ponto à pessoa humana. Na sua concepção, o Concílio deveria propor um novo humanismo, o humanismo cristão, para o mundo desiludido de um tipo de humanismo prometedor de prosperidade, por meio do acúmulo de bens materiais, que levou as pessoas à desumanização.
>
> Esta sugestão foi dada por ele aos 40 anos de vida. Isso significa que suas experiências passadas, mais do que simples teorias, levaram-lhe a concluir que se necessita voltar a atenção para a pessoa na sua concretude, ela deve estar no centro. Toda a ação, seja eclesial ou não, deveria partir da pessoa humana em vista de sua promoção integral.

Como podemos ver, a ideia de Wojtyła parte da experiência para a teorização. É uma reflexão de natureza prática, como aponta Damascena (2016, p. 41, grifo do original):

> Desta maneira, ao escolher o percurso "da ação à pessoa" e não "da pessoa à ação", Wojtyła deixa claro que sua intenção é partir da experiência e não de um conceito já formulado. Ele não pretendia explicar um conceito (pessoa humana) que justificava o concreto (ação), uma ideia criada que justificaria uma *práxis*. Ele quis pôr-se à escuta da realidade, que fala, e deixar-se ser conduzido pela experiência, pelo fenômeno *"o homem age"*, e, iluminado pelo

intelecto, entender a realidade que aquele encerra. Ancorado no princípio metafísico *agere sequitur esse* ele quis ser conduzido pelo *agere* para chegar a sua fonte, ou seja, ao ser do sujeito que opera.

Essa concepção wojtyliana é, portanto, personalista. Mas sua visão sobre o ser humano recebeu influências anteriores, como a ética de Max Scheler e a espiritualidade de São João da Cruz. Scheler considerava que os valores éticos não eram simplesmente abstraídos pelo intelecto, mas apreendidos com base na experiência (Albuquerque, 2016). O pensamento de São João da Cruz ajudava a ver o sentido e o valor do sofrimento na vida do ser humano e seu crescimento (Baptista, 2004).

Entre as décadas de 1960 e 1970, o novo arcebispo de Cracóvia participou de diversos sínodos de bispos, tendo recebido o título de cardeal de Paulo VI, no ano de 1967. Paulo VI faleceu em 6 de agosto de 1978. Como cardeal, Karol Wojtyła participou do conclave de agosto daquele ano, que elegeu o cardeal Albino Luciani, patriarca de Veneza, que adotou o nome de Papa João Paulo I. O pontificado de Luciani durou apenas 33 dias (de 26 de agosto a 28 de setembro de 1978), o que obrigou a reunião de um novo conclave, no qual Wojtyła tomou parte novamente como cardeal votante. Em 16 de outubro daquele mesmo ano, o cardeal Karol foi eleito papa, tomando o mesmo nome de seu antecessor (Baptista, 2004; Cerqueira, 2014; L'Osservatore Romano, 2014).

1.2 O pontificado de João Paulo II (1978-2005)

João Paulo II teve um dos pontificados mais longos da história da Igreja, tendo-a pastoreado em um período de intensas e controversas transformações em todo o mundo. Naquele tempo, a ameaça de um conflito nuclear internacional já não era tão forte como havia sido nos anos 1960, mas a situação da Igreja e das liberdades (civis, políticas, econômicas e religiosas) no bloco soviético ainda era bastante tensa. Por outro lado, os problemas dos abusos do capitalismo intensificavam a pobreza e a exploração das populações do chamado *terceiro mundo*.

Andrade (2006, p. 42-43) aponta algumas características que teriam despertado a atenção dos membros da Cúria Romana com relação ao cardeal Karol Wojtyła:

> O que mais despertava o interesse dos cardeais era o fato de Wojtyla oferecer uma saída original da crise, que então agitava a sociedade e a Igreja da década de [19]70. Sua confrontação com o comunismo desenrolava-se no contexto, não de uma crença religiosa ou questão ideológica específica, mas em prol dos direitos humanos, pura e simplesmente.

Além do mais, Wojtyła era mais jovem do que a média dos cardeais anteriormente eleitos ao sumo pontificado, tendo origem humilde, vivência dos sofrimentos da guerra e da opressão ditatorial dos anos 1930 e habilidades de comunicador. De fato, o cardeal polonês era poliglota, tinha boa formação acadêmica e experiência no trabalho com os jovens (Andrade, 2006).

Para entendermos melhor essas motivações por trás da eleição do primeiro papa polonês, devemos retroceder aos anos 1960 e à situação vivenciada pela Igreja Católica naquela década. Ao lado dos elementos positivos de abertura propugnados pelo Concílio Vaticano II, seguiram-se muitas distorções de seus documentos – em parte por conta das coberturas da imprensa, mas também devido às interpretações pessoais sustentadas por membros do clero e laicato católico.

Fazendo um balanço das consequências do Concílio na vida eclesial, Baptista (2004, p. 64-65) aponta que:

> Os primeiros efeitos do Concílio Vaticano II fizeram-se sentir na revisão da liturgia da Igreja. Assim, o latim foi substituído pelas línguas nacionais, foram introduzidas novas orações eucarísticas, foi remodelado o sacramento da Santa Unção e da Reconciliação e criou-se um novo programa litúrgico e de catequese para adultos convertidos.
>
> Como consequências menos positivas destacamos uma crise sacerdotal que levou muitos padres a deixarem o sacerdócio ativo; os conventos, mosteiros e seminários dos países ditos desenvolvidos viram reduzidos drasticamente os seus elementos e as universidades católicas sentiram a necessidade de repensarem o seu modo de estar realizando uma profunda remodelação. "A natureza distinta da Igreja, a sua missão, a sua vida sacramental e o seu ministério estariam todos em jogo nos debates pós-conciliares sobre colegialidade, a autoridade papal, o celibato sacerdotal, o futuro das ordens religiosas de mulheres e de outras formas de vida consagrada, assim como a questão de ordenar mulheres para o sacerdócio" [citação de Weigel, 1999, p. 240].

Essa crise interna se manifestou na diminuição das vocações sacerdotais e religiosas e da frequência dos leigos nas práticas religiosas cotidianas. Tal situação ocorreu especialmente nos países mais industrializados e em processo de globalização, refletindo os ventos da contracultura e da revolução sexual que sacudiu o Ocidente nos anos 1960 e 1970.

Exigia-se de quem fosse pastorear a Igreja naquele momento, portanto, a capacidade de equilibrar as mudanças pastorais requeridas pelo Concílio Vaticano II e a preservação da doutrina católica. Era necessária também a habilidade de se comunicar em um mundo de crescente globalização e expansão dos meios de comunicação de massa. Desde João XXIII e Paulo VI, a imagem do papa deixara de ser vinculada exclusivamente ao Palácio Apostólico e aos gabinetes do Vaticano, passando o pontífice a ser visto como alguém que se dirige frequentemente aos fiéis. Embora Pio XI e Pio XII tenham feito uso do rádio e este último também tenha eventualmente aparecido diante das câmeras, foi no período conciliar que a Igreja se inseriu com mais força na mídia moderna (Andrade, 2006).

> João Paulo II ocupou-se de diversos temas em seu pontificado, como a liberdade religiosa, a questão social, as ameaças à vida humana, a sexualidade humana, a liturgia, o ecumenismo e o diálogo religioso. Entretanto, conforme aponta Andrade (2006), o cerne de sua ação e de suas reflexões como papa foi a teologia moral.

Com relação aos elementos do pontificado, Baptista (2004, p. 68) afirma que:

> Este pontificado foi o mais longo do século XX, cheio de transição e podemo-lo descrever em três fases: a primeira foi a da projeção missionária por todos os continentes com o lema "Abri, ou antes, escancarai as portas a Cristo!"; a segunda foi a da preocupação ecumênica, que impulsionou o alargar de horizontes e a fazermo-nos ao largo e, por último, foi o período de sofrimento físico em que "Em nome da Igreja, pediu perdão".

Em seu primeiro ano de pontificado, o papa polonês dedicou-se a fazer visitas apostólicas às diferentes paróquias e comunidades da diocese de Roma. Já em 1979, fez várias viagens apostólicas: México e América Central, Polônia, Irlanda, EUA e Turquia (Vaticano, 2020). Reveste-se de importância singular a viagem à Polônia pelo seu peso simbólico: a presença do líder máximo da Igreja Católica em um território do bloco soviético.

Um dos primeiros desafios enfrentados por João Paulo II era aquele que já havia vivenciado ao longo de sua atividade pastoral na Polônia: a opressão gerada pelo regime comunista nas repúblicas soviéticas e nos demais países do Leste Europeu sob a influência da URSS. Para as populações católicas, essa opressão era particularmente difícil, pois o regime comunista restringia fortemente a presença e a ação das religiões e de suas instituições em seus territórios.

No ano de 1980, o Romano Pontífice visitou vários países da África, a França, o Brasil, a Alemanha Federal[5], algumas cidades italianas e a Iugoslávia. O papa, nesse mesmo ano, referiu-se breve e indiretamente aos problemas políticos da Polônia em uma audiência de 20 de agosto, na qual rezou pela Igreja e pela pátria polonesa (Vaticano, 2020).

No início de 1981, João Paulo II concedeu audiência ao sindicato polonês Solidariedade e também protagonizou um encontro histórico com o rabino chefe da comunidade judaica de Roma. No dia 13 de maio, o pontífice sofreu um atentado na Praça de São Pedro, no Vaticano. Um jovem turco, Mehmet Ali Ağca, foi o autor dos disparos contra o papa. O líder católico foi operado e internado no Hospital Gemelli, de onde saiu em 3 de junho. Entre 20 de junho e 14 de agosto, ficou novamente hospitalizado na mesma instituição devido a uma infecção por *cytomegalovirus*. Em dezembro, João Paulo II enviou um relatório da Pontifícia Academia de Ciências a vários países, no qual apontava

---

[5] Após a Segunda Guerra Mundial, a Alemanha foi dividida entre os Aliados, ficando o lado oeste sob influência das nações capitalistas e o lado leste sob influência do bloco comunista. A República Federal da Alemanha (ou Alemanha Ocidental) era uma república democrática nos moldes do mundo capitalista, enquanto a República Democrática Alemã (Alemanha Oriental) organizava-se de acordo com um governo socialista, sob influência da URSS.

as consequências de um eventual conflito nuclear. Ainda naquele mês, o papa convidou os fiéis a rezar pela Polônia, que se encontrava em estado de sítio (Vaticano, 2020).

No ano de 1983, foi realizada a reforma do Código de Direito. Nesse mesmo ano, João Paulo II visitou Ali Ağca na prisão. Em 1984, a Santa Sé estabeleceu relações diplomáticas com os EUA por meio de um acordo bilateral e de uma nova concordata com a República Italiana, revisando os termos do Tratado de Latrão, de 1929. Em 3 de setembro de 1984, com a anuência do Santo Padre, a Congregação para a Doutrina da Fé publicou um documento sobre a teologia da libertação (Vaticano, 2020).

No ano de 1987, o papa encontrou-se com o chefe do Conselho de Estado da Polônia. Das viagens desse ano, destacamos o encontro do pontífice com portadores da doença de aids (sigla da expressão em inglês que significa "síndrome da imunodeficiência adquirida") em San Francisco, nos Estados Unidos (Vaticano, 2020).

O papa publicou, em 1988, a constituição apostólica *Pastor Bonus*, a qual propunha reformas na Cúria Romana, e escreveu uma carta apostólica sobre a dignidade da mulher. Reveste-se também de importância o *motu proprio Ecclesia Dei*, que versa sobre a celebração da liturgia romana em sua forma anterior ao Concílio Vaticano II (Vaticano, 2020).

O ano de 1989 foi marcado pelo restabelecimento de relações diplomáticas entre a Santa Sé e a Polônia, bem como por uma visita do presidente soviético Mikhail Gorbatchov ao Romano Pontífice. A troca de representação diplomática oficial entre a Sé Apostólica e a URSS deu-se no ano de 1990. Nesse mesmo ano, João Paulo II promulgou o Código dos Cânones para as Igrejas Orientais (Vaticano, 2020).

Em 1991, o papa visitou Portugal, Polônia (onde sediou a VI Jornada Mundial da Juventude), Hungria e Brasil. Esse ano também foi significativo por conta de uma visita do presidente polonês Lech Wałesa ao Romano Pontífice e pelo colapso da URSS. Em 1992, o líder da Igreja Católica reconheceu as novas repúblicas do Leste Europeu resultantes da fragmentação soviética. João Paulo II foi submetido a uma cirurgia para a retirada de um tumor benigno no intestino naquele mesmo ano em que foi também promulgado o Catecismo da Igreja Católica (Vaticano, 2020).

No ano de 1993, o papa protagonizou um encontro inter-religioso em Assis, na Itália, ocasião na qual convidou o mundo a rezar pela paz. Nesse mesmo ano, publicou a encíclica *Veritatis Splendor*, abordando a temática da moral. O pontífice permaneceu parte do mês de novembro internado devido a uma luxação no ombro direito. Em dezembro, abriu o Ano Internacional da Família e estabeleceu o reconhecimento oficial, por parte da Santa Sé, do Estado de Israel, bem como as relações diplomáticas com esse país (Vaticano, 2020).

Em 1994, João Paulo II escreveu a *Carta às Famílias* e instituiu a Pontifícia Academia para a Vida. A Santa Sé participou, em setembro, de uma Conferência da Organização das Nações Unidas (ONU) sobre população e desenvolvimento, no Cairo (Egito) – o papa havia escrito uma carta aos participantes em março. Entre abril e maio, o pontífice passou por uma nova cirurgia para sanar uma fratura no fêmur direito. Apesar do acidente, ele conseguiu participar do Encontro Mundial das Famílias (Vaticano, 2020). Nesse mesmo ano, a Santa Sé iniciou conversações diplomáticas com a Organização para Libertação da Palestina (OLP).

A Sé Apostólica teve grande participação nas questões internacionais no ano de 1995, quando enviou uma delegação para um encontro sobre desenvolvimento social em Copenhagen, na Dinamarca (em março) e a representante Mary Ann Glendon à IV Conferência da ONU sobre a Mulher, em Pequim, na China. O próprio João Paulo

II discursou na sede da ONU em Nova Iorque no mês de outubro. Naquele mesmo ano, o Vaticano divulgava a mensagem de Natal do papa via internet (Vaticano, 2020; Andrade, 2006).

Em outubro de 1996, o papa foi novamente operado no Hospital Gemelli, por conta de uma apendicite. Em 1997, a Santa Sé lançou seu *site* oficial na internet. Nesse mesmo ano, também presidiu o II Encontro Mundial das Famílias, no Rio de Janeiro. No ano de 1999, destaca-se a abertura do Jubileu do Ano Santo de 2000. Em 12 de março de 2000, João Paulo II pediu perdão pelos pecados cometidos pelos membros da Igreja contra a humanidade. Em 18 de novembro de 2001, o papa exortou os católicos a jejuarem e a orarem pela paz, dada a proximidade de um conflito entre EUA e o governo talibã do Afeganistão, por conta dos atentados terroristas da Al-Qaeda em Nova Iorque no dia 11 de setembro de 2001. No ano de 2003, o líder católico se posicionou contra a guerra no Iraque, desencadeada pela invasão norte-americana ao país (Vaticano, 2020).

Em fevereiro de 2005, João Paulo II publicou seu último livro, *Memória e identidade*. Com a saúde bastante fragilizada desde os anos 1990, o pontífice morreu em 2 de abril daquele ano (Vaticano, 2020).

1.3 Contexto de produção da *Evangelium Vitae*

Os anos 1990 e o início dos anos 2000 colocaram em evidência na comunidade internacional a discussão sobre temas polêmicos relacionados à vida e à sexualidade humana. Tal processo, contudo, pode ser visto como reflexo das mudanças comportamentais e de mentalidade geradas pela revolução sexual e pelo movimento de contracultura dos anos 1960 e 1970 (Baptista, 2004; Silva, 2011).

Embora a Rússia, sob regime comunista (materialista e ateu), tenha sido o primeiro país do mundo a legalizar a prática do aborto, em 1920 – liberação esta suspensa pelo código da família promulgado pelo ditador soviético Josef Stálin, em 1936 (Pipes, 1997) –, a bandeira da legalização dessa prática foi defendida também por setores e membros das sociedades capitalistas ocidentais da Europa e da América do Norte. Com relação à eutanásia, o código penal russo de 1922 não a autorizava, mas também não a punia. Grande parte dos países europeus estabelecia penas brandas para essa prática (Moraes, 2012).

Na década de 1930, os países escandinavos legalizaram o aborto em certas condições, sob influência de suas Igrejas Luteranas oficiais do Estado, com teologia de tendência liberal (Pacheco, 2007). Naquela década, a Fundação Rockefeller já advogava ideias de controle populacional, objetivo também defendido pela Fundação Ford, no final dos anos 1940. Entretanto, tais planos só seriam mais claramente delineados na década de 1950 (CNBB-Sul 1, 2010).

Embora já fosse defendida por alguns médicos e outros estudiosos nos anos 1920, a eutanásia foi largamente defendida nos anos 1930 na Europa e na América com o pretexto da eugenia, no intuito de formar uma "raça pura", "saudável", com a eliminação de pessoas consideradas inválidas pela mentalidade utilitarista ou coletivista (Dias, 2004). Nesse sentido, essas ideias não eram sustentadas somente nos regimes totalitários (na Alemanha nazista vigorou o conhecido programa T-4, para eliminação de pessoas com deficiência intelectual[6]), mas também nos regimes democráticos, influenciados pelo pensamento materialista e pelos exageros do capitalismo. Em 1934, o Uruguai tornou-se o

---

6 Destacamos aqui a corajosa oposição e denúncia feita pelo então bispo de Münster, o beato Clemens August von Galen, contra o programa nazista de eutanásia das pessoas com deficiência intelectual (Diehl, 2018; Goldim, 1998).

primeiro país de modelo político ocidental a permitir a eutanásia em sua legislação (Goldim, 2000).

No Concílio Vaticano II (1965, n. 27), a Igreja se pronunciou sobre os atentados à vida humana que encontravam ecos em movimentos culturais e políticos do pós-guerra:

> Além disso, são infames as seguintes coisas: tudo quanto se opõe à vida, como seja toda a espécie de homicídio, genocídio, aborto, eutanásia e suicídio voluntário; tudo o que viola a integridade da pessoa humana, como as mutilações, os tormentos corporais e mentais e as tentativas para violentar as próprias consciências; tudo quanto ofende a dignidade da pessoa humana, como as condições de vida infra-humanas, as prisões arbitrárias, as deportações, a escravidão, a prostituição, o comércio de mulheres e jovens; e também as condições degradantes de trabalho; em que os operários são tratados como meros instrumentos de lucro e não como pessoas livres e responsáveis. Todas estas coisas e outras semelhantes são infamantes; ao mesmo tempo que corrompem a civilização humana, desonram mais aqueles que assim procedem, do que os que padecem injustamente; e ofendem gravemente a honra devida ao Criador.

Perceba que a posição católica contra o aborto, a eutanásia, a contracepção e a banalização da sexualidade decorre inteiramente de um mesmo princípio: a **dignidade da pessoa humana**, imagem e semelhança de Deus Criador (Diehl, 2018).

A Igreja Católica pronunciou-se de forma contrária aos métodos contraceptivos e às ideias de controle de natalidade defendidas pelas fundações Ford e Rockefeller por meio da encíclica *Humanae Vitae*, do Papa Paulo VI, publicada em 1968. Naquele mesmo ano, a ONU adotava o conceito de "planejamento familiar" mediante a Declaração de Teerã (Roccella; Scaraffia, 2014, p. 114).

O aborto, em 1973, tornou-se legalizado nos EUA por meio de uma decisão da Suprema Corte, no famoso caso *Roe vs. Wade*. Tal fato revestiu-se de gravidade maior porque os Estados Unidos eram a grande potência e líder do bloco de países capitalistas (a maioria sob regimes democráticos liberais ou social-democratas) no período posterior à Segunda Guerra Mundial. Igualmente de origem norte-americana era grande parte das fundações internacionais que advogavam a liberalização do aborto no mundo (Cabral, 2009). No ano seguinte, Henry Kissinger, Secretário de Estado do governo dos EUA, publicou o famoso "Relatório Kissinger", no qual expunha a necessidade de incentivar políticas de controle e de redução populacional nos países em desenvolvimento, para garantir o predomínio geopolítico da nação norte-americana. A Conferência Episcopal dos Estados Unidos publicou naquele mesmo ano um plano pastoral visando conclamar os católicos americanos a lutarem contra o aborto (Bettencourt, 2006).

Em 1974, a Congregação para a Doutrina da Fé (órgão da Santa Sé responsável por assuntos doutrinais) também emitiu declarações expondo mais detidamente a doutrina da Igreja contra o aborto; em 1975, contra a banalização da sexualidade; em 1980, contra a eutanásia; e, em 1987, sobre alguns aspectos da procriação humana (Sagrada Congregação para a Doutrina da Fé, 1974; 1975; 1980; 1987). Se grande parte da doutrina da Igreja sobre sexualidade e os atentados contra a vida humana já estavam contidos na encíclica *Humanae Vitae* e nos documentos produzidos pela Congregação para a Doutrina da Fé, nos anos 1970 e 1980, por que se fez necessária a publicação de uma nova encíclica sobre esses temas na década de 1990?

Podemos aventar duas hipóteses: 1) o crescimento da defesa da legalização do aborto, da eutanásia e da contracepção nos anos 1990; 2) o pensamento personalista do então Papa João Paulo II.

Detenhamo-nos primeiramente no contexto histórico da década de 1990.

Nos anos 1990, além do *lobby* de fundações internacionais e ONGs, a agenda de liberação do aborto e da eutanásia e a da ampliação de métodos contraceptivos encontraram eco no interior da ONU. Nesse momento, as políticas preconizadas por certos órgãos das Nações Unidas chocaram-se com a posição da Igreja Católica que, por meio da Santa Sé, participava da ONU como observadora (Diehl, 2018; Roccella; Scaraffia, 2014). Paralelamente, a Holanda flexibilizou, de forma paulatina, sua legislação sobre a eutanásia, enquanto alguns estados dos EUA tentaram também, sem sucesso, legalizar essa prática (Bettencourt, 1993; Goldim, 2000).

Em 1994, foi realizada no Cairo uma Conferência Populacional promovida pela ONU, com o envolvimento de organizações financiadas pela Fundação Ford. Nessa conferência foram estabelecidas diretrizes de controle populacional e de "saúde reprodutiva" muito próximas das medidas preconizadas anteriormente pelas fundações Rockefeller e Ford:

- O conceito de saúde reprodutiva, considerado como algo mais do que a simples ausência de doenças.
- Os direitos reprodutivos, que derivam do conceito de saúde reprodutiva, como um novo tipo de direito humano (que futuramente poderia incluir o direito ao aborto).
- A obrigação dos governos de dispensar um tratamento humanizado às mulheres que praticaram aborto (incluindo os clandestinos).
- A urgência das ONGs, ainda que sejam constituídas por profissionais da saúde, de cooperar e supervisionar (ou pressionar) os governos na prestação de serviços de saúde reprodutiva (incluindo os serviços de aborto legal).

- O direito das mulheres ao acesso a serviços de qualidade para tratar as complicações decorrentes dos abortos (incluindo os abortos clandestinos).
- O direito das mulheres ao acesso a serviços de abortos de qualidade quando a prática não seja contrá-ria à lei. (CNBB-Sul 1, 2010, p. 4)

A Santa Sé havia enviado uma delegação para essa Conferência. O chefe da delegação, Monsenhor Renato Raffaele Martino, expressou sua discordância em relação a alguns pontos aprovados pela Conferência em um discurso proferido diante da referida assembleia no dia 13 de setembro (Martino, 1994). Naquele mesmo dia, a Sé Apostólica, por meio de sua Secretaria de Estado, emitiu uma declaração oficial expondo as reservas da Igreja em relação aos pontos levantados pelo chefe da delegação apostólica em seu discurso (L'Osservatore Romano, 1994). No mesmo ano em que a ONU se aproximava oficialmente de políticas pró-aborto, a Bélgica legalizou essa prática em seu território.

> Em direção oposta às correntes políticas e ideológicas, o Papa João Paulo II mantinha-se fiel aos princípios que cultivara durante sua carreira acadêmica e seu ministério sacerdotal e episcopal. O pontífice polonês entendia que a pessoa humana é dotada de uma dignidade intrínseca e inviolável, o que significa que essa dignidade não pode ser subtraída em favor de outros objetivos. Na sua perspectiva personalista, os movimentos pela legalização do aborto, da eutanásia e da contracepção são apenas formas eufemísticas de se legitimar uma cultura de instrumentalização utilitarista da vida humana, a qual ele chamava de *cultura da morte*.

Em 25 de março de 1995, o papa publicou a carta encíclica *Evangelium Vitae*, expondo a doutrina da Igreja sobre o valor da vida humana, reforçando a condenação às práticas do aborto, da eutanásia, da contracepção e outras ameaças à vida que se difundiam no mundo nos anos 1990.

1.4 Análise da Evangelium Vitae

A encíclica *Evangelium Vitae* começa recordando a concepção e o nascimento de Jesus, apontando a alegria representada pelo nascimento de uma nova vida. Depois, apresenta uma explicação sobre a centralidade da vida na mensagem e na missão de Jesus, demonstrando que a superioridade da vida eterna não significa uma negação da vida terrena:

> O Evangelho da vida está no centro da mensagem de Jesus. Amorosamente acolhido cada dia pela Igreja, há-de ser fiel e corajosamente anunciado como boa nova aos homens de todos os tempos e culturas.
>
> Na aurora da salvação, é proclamado como feliz notícia o nascimento de um menino: "Anuncio-vos uma grande alegria, que o será para todo o povo: Hoje, na cidade de David, nasceu-vos um Salvador, que é o Messias, Senhor" (Lc 2,10-11). O motivo imediato que faz irradiar esta "grande alegria" é, sem dúvida, o nascimento do Salvador; mas, no Natal, manifesta-se também o sentido pleno de todo o nascimento humano, pelo que a alegria messiânica se revela fundamento e plenitude da alegria por cada criança que nasce (cf. Jo 16,21).
>
> Ao apresentar o núcleo central da sua missão redentora, Jesus diz: "Eu vim para que tenham vida, e a tenham em abundância" (Jo 10,10). Ele fala daquela vida "nova" e "eterna" que consiste na comunhão com o Pai, à qual todo o homem é gratuitamente chamado no Filho, por obra do Espírito Santificador. Mas é precisamente em tal "vida" que todos os aspectos e momentos da vida do homem adquirem pleno significado. (João Paulo II, 1995, n. 1)

A primeira parte da encíclica aborda o valor da vida humana. O pontífice expõe a doutrina da Igreja, de que o valor da vida humana está radicado na vocação sobrenatural do ser humano à comunhão plena com Deus:

> O homem é chamado a uma plenitude de vida que se estende muito para além das dimensões da sua existência terrena, porque consiste na participação da própria vida de Deus.
>
> A sublimidade desta vocação sobrenatural revela a *grandeza* e o *valor precioso* da vida humana, inclusive já na sua fase temporal. Com efeito, a vida temporal é condição basilar, momento inicial e parte integrante do processo global e unitário da existência humana: um processo que, para além de toda a expectativa e merecimento, fica iluminado pela promessa e renovado pelo dom da vida divina, que alcançará a sua plena realização na eternidade (cf. 1 Jo 3,1-2). Ao mesmo tempo, porém, o próprio chamamento sobrenatural sublinha a *relatividade* da vida terrena do homem e da mulher. Na verdade, esta vida não é realidade "última", mas "penúltima"; trata-se, em todo o caso, de uma *realidade sagrada* que nos é confiada para a guardarmos com sentido de responsabilidade e levarmos à perfeição no amor pelo dom de nós mesmos a Deus e aos irmãos. (João Paulo II, 1995, n. 2, grifo do original)

Mesmo com uma fundamentação em última instância sobrenatural, o valor da vida humana pode, segundo o papa, ser deduzido pela razão natural:

> Mesmo por entre dificuldades e incertezas, todo o homem sinceramente aberto à verdade e ao bem pode, pela luz da razão e com o secreto influxo da graça, chegar a reconhecer, na lei natural inscrita no coração (cf. Rm 2,14-15), o valor sagrado da vida humana desde o seu início até ao seu termo, e afirmar o direito que todo o ser humano tem de ver plenamente respeitado este seu bem primário. Sobre o reconhecimento de tal direito é que se funda a

convivência humana e a própria comunidade política. (João Paulo II, 1995, n. 2)

Podemos, com base na parte introdutória da encíclica, sintetizar o pensamento de João Paulo II, afirmando que ele considera o valor e a dignidade da vida humana como algo intrínseco ao ser humano. Essa dignidade, acessível ao conhecimento natural, é necessária para a sólida convivência da sociedade. Vemos aqui um reflexo do personalismo de Wojtyła, o qual, já nos debates conciliares, insistia em frisar a argumentação da Igreja na dignidade da pessoa humana.

O segundo elemento aventado pelo papa polonês na encíclica é a recordação da condenação expressa pelo Concílio Vaticano II sobre as diferentes formas de violações à vida humana. Em seguida, o texto aponta que essas mesmas ameaças haviam crescido desde os tempos do Concílio, com um agravante: o apoio de organizações e governos a algumas dessas práticas, com pretensas justificativas humanitárias ou em nome da liberdade.

> Infelizmente, este panorama inquietante [de violação da vida humana], longe de diminuir, tem vindo a dilatar-se: com as perspectivas abertas pelo progresso científico e tecnológico, nascem outras formas de atentados à dignidade do ser humano, enquanto se delineia e consolida uma nova situação cultural que dá aos crimes contra a vida um *aspecto inédito e – se é possível – ainda mais iníquo*, suscitando novas e graves preocupações: amplos setores da opinião pública justificam alguns crimes contra a vida em nome dos direitos da liberdade individual e, sobre tal pressuposto, pretendem não só a sua impunidade mas ainda a própria autorização da parte do Estado para os praticar com absoluta liberdade e, mais, com a colaboração gratuita dos Serviços de Saúde. [...]
>
> O resultado de tudo isto é dramático: se é muitíssimo grave e preocupante o fenômeno da eliminação de tantas vidas humanas nascentes ou encaminhadas para o seu ocaso, não o é menos

> o fato de à própria consciência, ofuscada por tão vastos condicionalismos, lhe custar cada vez mais a perceber a distinção entre o bem e o mal, precisamente naquilo que toca o fundamental valor da vida humana. (João Paulo II, 1995, n. 4, grifo do original)

A gravidade daquela época apontada pelo papa residia, portanto, no fato de as violações contra a vida humana não somente estarem se expandindo, mas também ganharem justificativas ideológicas, subvertendo a ordem moral. Aqui podemos estabelecer duas relações: uma delas com a experiência pregressa de Wojtyła, e a outra com os fatos dos anos 1990. O papa polonês foi testemunha da opressão dos regimes totalitários nazista e comunista sobre sua pátria e conhecia as justificativas ideológicas daqueles modelos políticos para os atentados que cometiam contra a vida humana. Lembremos que esses regimes relativizavam a vida dos nascituros e crianças, bem como a dos idosos e dos doentes que não tinham capacidade produtiva.

Por outro lado, o fato de a Santa Sé ter participado das conferências internacionais promovidas pela ONU fazia com que João Paulo II estivesse ciente das mudanças ideológicas promovidas por organizações e fundações internacionais dentro daquela instituição em favor da legalização do aborto (como na Conferência do Cairo, um ano antes da publicação da encíclica). A Igreja estava igualmente ciente das recentes legalizações da eutanásia na Holanda e do aborto na Bélgica.

Contra isso, o papa indicou que as soluções apontadas para os problemas demográficos, sociais ou familiares por meios que causem a morte de inocentes são falsas soluções (João Paulo II, 1995, n. 4).

Nos itens 5 e 6 do documento, o pontífice atribuiu a redação da encíclica a um pedido feito pelos cardeais, à colaboração de bispos do mundo inteiro e às experiências vivenciadas no Ano da Família no ano anterior. Nos números de 7 a 10, ele estabelece uma relação entre o pecado de fratricídio de Caim contra Abel e todas as ameaças contra a vida humana. Dessa comparação, o papa concluiu que o pecado introduziu a desordem na criação e a luta do homem contra o homem. Todo homicídio tem uma certa dimensão fratricida, no sentido de que todos os homens são irmãos perante o Criador. Por fim, Deus castiga Caim, mas também o marca, o que significa que também o pecador e homicida conserva sua dignidade de ser humano (João Paulo II, 1995).

João Paulo II apontou, no item 10, a responsabilidade comum que os seres humanos têm uns para com outros e que as injustiças cometidas pelos homens são causa de grande número de ameaças à vida humana:

> O Senhor disse a Caim: "Que fizeste? A voz do sangue do teu irmão clama da terra até Mim" (Gn 4,10). *A voz do sangue derramado pelos homens não cessa de clamar,* de geração em geração, assumindo tons e acentos sempre novos e diversos.
>
> A pergunta do Senhor "que fizeste?", à qual Caim não se pode esquivar, é dirigida também ao homem contemporâneo, para que tome consciência da amplitude e gravidade dos atentados à vida que continuam a registar-se na história da humanidade, para que vá à procura das múltiplas causas que os geram e alimentam, e, enfim, para que reflita com extrema seriedade sobre as consequências que derivam desses mesmos atentados para a existência das pessoas e dos povos.
>
> Algumas ameaças provêm da própria natureza, mas são agravadas pelo descuido culpável e pela negligência dos homens que, não raro, lhes poderiam dar remédio; outras, ao contrário, são fruto de situações de violência, de ódio, de interesses contrapostos, que induzem homens a agredirem outros homens com homicídios, guerras, massacres, genocídios.
>
> Como não pensar na violência causada à vida de milhões de seres humanos, especialmente crianças, constrangidos à miséria, à subnutrição e à fome, por causa da iníqua distribuição das riquezas

> entre os povos e entre as classes sociais? Ou na violência inerente às guerras, e ainda antes delas, ao escandaloso comércio de armas, que favorece o torvelinho de tantos conflitos armados que ensanguentam o mundo? Ou então na sementeira de morte que se provoca com a imprudente alteração dos equilíbrios ecológicos, com a criminosa difusão da droga, ou com a promoção do uso da sexualidade segundo modelos que, além de serem moralmente inaceitáveis, acarretam ainda graves riscos para a vida? É impossível registar de modo completo a vasta gama das ameaças à vida humana, tantas são as formas, abertas ou camufladas, de que se revestem no nosso tempo! (João Paulo II, 1995, n. 10, grifo do original)

Essa consideração da *Evangelium Vitae* é importante porque lembra que a vida também é destruída indiretamente: as corrupções, as cobiças e os egoísmos de algumas pessoas expõem outras mais frágeis à fome, à guerra, às doenças. Entretanto, o papa explica em seguida que a encíclica foca nas ameaças mais diretas à vida humana, que, naquela época, cresciam no âmbito prático e ganhavam contornos de justificação ideológica:

> Mas queremos concentrar a nossa atenção, de modo particular, sobre *outro gênero de atentados*, relativos à vida nascente e terminal, que apresentam *novas características em relação ao passado e levantam problemas de singular gravidade*: é que, na consciência coletiva, aqueles tendem a perder o caráter de "crimes" para assumir, paradoxalmente, o caráter de "direitos", a ponto de se pretender um verdadeiro e próprio *reconhecimento legal da parte do Estado e a consequente execução gratuita por intermédio dos profissionais da saúde*. Tais atentados ferem a vida humana em situações de máxima fragilidade, quando se acha privada de qualquer capacidade de defesa. Mais grave ainda é o fato de serem consumados, em grande parte, mesmo no seio e por obra da família que está, pelo contrário, chamada constitutivamente a ser "santuário da vida". (João Paulo II, 1995, n. 11, grifo do original)

A gravidade maior das ameaças apontadas pelo pontífice residia no fato de que eram apoiadas pelo Estado e por profissionais de saúde, os quais, pelo contrário, deveriam defender de forma mais intensa a dignidade e a vida dos seres humanos.

A promoção dessas ameaças à vida humana são consequência, na perspectiva do autor da encíclica, de dois fatores (João Paulo II, 1995):

1. **Crise da cultura**: falta de fundamentos sólidos para os princípios éticos e falta de sentido para a existência humana.
2. **Realidade social complexa**: dificuldades de sobrevivência em meio à pobreza, abusos e injustiças na sociedade – falta de amparo aos fragilizados.

Às duas causas das ameaças à vida humana, o papa acrescenta um pano de fundo: uma desvalorização da vida humana, que, contudo, não é total, já que são defendidos os atentados à vida por meio de justificativas pretensamente humanitárias e terapêuticas. Junto às responsabilidades individuais de cada pessoa (com seus atenuantes objetivos e subjetivos), a encíclica sustenta a existência na sociedade de seu tempo de uma "estrutura de pecado" a que chama de "cultura da morte" (João Paulo II, 1995, n. 12, grifo do original):

> Com efeito, se muitos e graves aspectos da problemática social atual podem, de certo modo, explicar o clima de difusa incerteza moral e, por vezes, atenuar a responsabilidade subjetiva no indivíduo, não é menos verdade que estamos perante uma realidade mais vasta que se pode considerar como verdadeira e própria *estrutura de pecado*, caracterizada pela imposição de uma cultura antissolidária, que em muitos casos se configura como verdadeira "cultura de morte". É ativamente promovida por fortes correntes culturais, econômicas e políticas, portadoras de uma concepção eficientista da sociedade.

Olhando as coisas deste ponto de vista, pode-se, em certo sentido, falar de uma *guerra dos poderosos contra os débeis*: a vida que requereria mais acolhimento, amor e cuidado, é reputada inútil ou considerada como um peso insuportável, e, consequentemente, rejeitada sob múltiplas formas. Todo aquele que, pela sua enfermidade, a sua deficiência ou, mais simplesmente ainda, a sua própria presença, põe em causa o bem-estar ou os hábitos de vida daqueles que vivem mais avantajados, tende a ser visto como um inimigo do qual defender-se ou um inimigo a eliminar. Desencadeia-se assim uma espécie de *"conjura contra a vida"*. Esta não se limita apenas a tocar os indivíduos nas suas relações pessoais, familiares ou de grupo, mas alarga-se muito para além até atingir e subverter, a nível mundial, as relações entre os povos e os Estados.

> A cultura da morte denunciada por João Paulo II reside, no fundo, em uma subjugação do mais fraco pelo mais forte, um triunfo da lei da força sobre as leis da razão e do amor. As pessoas carentes de cuidados especiais e com menor capacidade produtiva são vistas como empecilho aos interesses e às vontades dos mais afortunados.

O primeiro elemento da cultura da morte elencado pela encíclica é a contracepção. O documento rebate a tese de que a contracepção seria o melhor remédio contra o aborto e de que a Igreja estaria errada em rejeitar tal prática[7]. O texto expõe que, embora sendo atos objetivamente diferentes (e atentem contra virtudes distintas), ambos partem de um mesmo princípio: separar o exercício da sexualidade da abertura à vida, vendo o ato sexual de uma perspectiva hedonista e egoísta:

> Mas, apesar de terem natureza e peso moral diversos, eles surgem, com muita frequência, intimamente relacionados como frutos da mesma planta. É verdade que não faltam casos onde, à

---

[7] Apesar de se opor à contracepção, a Igreja não rejeita a paternidade responsável, exercida em conformidade com a natureza. Para tanto, *vide* Papa Paulo VI (1968, n. 10).

contracepção e ao próprio aborto se vem juntar a pressão de diversas dificuldades existenciais que, no entanto, não podem nunca exonerar do esforço de observar plenamente a lei de Deus. Mas, em muitíssimos outros casos, tais práticas afundam as suas raízes numa mentalidade hedonista e desresponsabilizadora da sexualidade, e supõem um conceito egoísta da liberdade que vê na procriação um obstáculo ao desenvolvimento da própria personalidade. A vida que poderia nascer do encontro sexual torna-se assim o inimigo que se há-de evitar absolutamente, e o aborto a única solução possível diante de uma contracepção falhada. (João Paulo II, 1995, n. 13)

A ligação entre aborto e contracepção, no âmbito prático, é demonstrada pela existência de fármacos abortivos sendo vendidos conjuntamente e com a mesma facilidade que os contraceptivos. No ponto 14, a encíclica reprova a prática da reprodução assistida por métodos artificiais, baseando-se em dois agravantes morais (João Paulo II, 1995):

1. A separação da procriação humana do ato conjugal.
2. A transformação das vidas humanas de fase embrionária em mero material biológico, coisificando o ser humano[8].

Nesse mesmo ponto, o papa denuncia a mentalidade eugenista, que se utiliza de diagnósticos pré-natais para propor o aborto de nascituros com deficiências físicas ou mentais. Nessa mesma lógica, frequentemente são negados cuidados básicos aos recém-nascidos, abrindo-se as portas também para a defesa da morte das crianças já nascidas. Nesse sentido, em nome da eliminação dos males físicos e psicológicos, a cultura da morte defende a eliminação daqueles que não seriam considerados perfeitos de corpo e mente.

---

8 O crescimento das pesquisas embrionárias e de reprodução assistida ao longo dos anos 2000 levou a novos questionamentos acerca dos limites éticos no trato com os embriões. Para responder a esses questionamentos, a Congregação para a Doutrina da Fé publicou, em 2008, a instrução *Dignitas Personae* (Congregação para a Doutrina da Fé, 2008).

O ponto 15 trata da ideia de eliminação dos doentes incuráveis ou terminais, considerando a morte como solução para o sofrimento. Por trás da eutanásia, o papa elenca duas causas:

1. Falta de sentido no sofrimento que gera dificuldade em lidar com ele.
2. Mentalidade utilitarista de descarte dos mais fracos.

João Paulo II (1995, n. 15, grifo do original) também aponta um desejo prometeico[9] na mentalidade pró-eutanásia, uma vontade de se colocar no lugar de Deus, dominando a vida e a morte:

> Mas, no conjunto do horizonte cultural, não deixa de incidir também uma espécie de atitude prometeica do homem que, desse modo, se ilude de poder apropriar-se da vida e da morte para decidir delas, quando na realidade acaba derrotado e esmagado por uma morte irremediavelmente fechada a qualquer perspectiva de sentido e a qualquer esperança. Uma trágica expressão de tudo isto, encontramo-la na difusão da *eutanásia*, ora mascarada e sub-reptícia, ora atuada abertamente e até legalizada. Para além do motivo de presunta compaixão diante da dor do paciente, às vezes pretende-se justificar a eutanásia também com uma razão utilitarista, isto é, para evitar despesas improdutivas demasiado gravosas para a sociedade. Propõe-se, assim, a supressão dos recém-nascidos defeituosos, dos deficientes profundos, dos inválidos, dos idosos, sobretudo quando não autossuficientes, e dos doentes terminais. Nem nos é lícito calar frente a outras formas mais astuciosas, mas não menos graves e reais, de eutanásia, como são as que se poderiam verificar, por exemplo, quando, para aumentar a disponibilidade de material para transplantes, se procedesse à extração dos órgãos sem respeitar os critérios objetivos e adequados de certificação da morte do dador.

---

9 Alusão ao titã Prometeu, o qual, na mitologia grega, roubou o segredo do conhecimento do fogo (exclusivo dos deuses) e o revelou aos homens mortais.

A utilização da eutanásia como forma de obter material humano para utilização aproxima-se do que a encíclica já apontava anteriormente sobre o uso de embriões humanos como mero material de pesquisa, em uma perspectiva de coisificação do homem.

João Paulo II, no item 16, refletiu sobre a influência da questão demográfica na ampliação do aborto, da contracepção e da esterilização. Na visão do papa, as soluções contraceptivas e abortivas se apresentam como falsas e como um ilusório substituto da devida solidariedade dos países mais ricos para com os mais pobres (onde há a dificuldade de distribuição de bens e recursos entre um maior número de pessoas):

> Também estes [os governantes] veem como um íncubo o crescimento demográfico em ato, e temem que os povos mais prolíferos e mais pobres representem uma ameaça para o bem-estar e a tranquilidade dos seus países. Consequentemente, em vez de procurarem enfrentar e resolver estes graves problemas dentro do respeito da dignidade das pessoas e das famílias e do inviolável direito de cada homem à vida, preferem promover e impor, por qualquer meio, um maciço planeamento da natalidade. As próprias ajudas econômicas, que se dizem dispostos a dar, ficam injustamente condicionadas à aceitação desta política antinatalista. (João Paulo II, 1995, n. 16)

Esse fragmento denuncia também a imposição da cultura antinatalista por parte dos países ricos sobre os mais pobres como uma condição para receber ajuda humanitária. Tal aspecto remonta ao que já apontamos na seção anterior deste capítulo: o avanço da agenda em favor da legalização do aborto e da ampliação dos métodos contraceptivos sob a capa de novos direitos, especialmente como já fora sinalizado na Conferência do Cairo, em 1994. Tais métodos também eram sustentados por grandes fundações e organismos internacionais, o que denotava um predomínio do grande capital e das potências euroamericanas sobre as nações subdesenvolvidas.

No item 17, João Paulo II reiterou a gravidade daquele momento pelo fato de existir uma cultura sistemática e ordenada contra a vida humana:

> Como senti dever bradar em Denver, por ocasião do VIII Dia Mundial da Juventude, "com o tempo, as ameaças contra a vida não diminuíram. Elas, ao contrário, assumem dimensões enormes. Não se trata apenas de ameaças vindas do exterior, de forças da natureza ou dos 'Cains' que assassinam os 'Abéis'; não, trata-se de *ameaças programadas de maneira científica e sistemática*. O século XX ficará considerado uma época de ataques maciços contra a vida, uma série infindável de guerras e um massacre permanente de vidas humanas inocentes. Os falsos profetas e os falsos mestres conheceram o maior sucesso possível". [...] Para além das intenções, que podem ser várias e quiçá assumir formas persuasivas em nome até da solidariedade, a verdade é que estamos perante uma objetiva *"conjura contra a vida"* que vê também implicadas Instituições Internacionais, empenhadas a encorajar e programar verdadeiras e próprias campanhas para difundir a contracepção, a esterilização e o aborto. Não se pode negar, enfim, que os mass-media são frequentemente cúmplices dessa conjura, ao abonarem junto da opinião pública aquela cultura que apresenta o recurso à contracepção, à esterilização, ao aborto e à própria eutanásia como sinal do progresso e conquista da liberdade, enquanto descrevem como inimigas da liberdade e do progresso as posições incondicionalmente a favor da vida. (João Paulo II, 1995, n. 17, grifo do original)

Ao apoio de governos e profissionais de saúde, o papa soma a cumplicidade da mídia entre as ameaças à vida humana. Essa cumplicidade da mídia revela-se particularmente perigosa pelo seu poder formativo da opinião pública, fazendo práticas que atentam contra a dignidade do ser humano parecerem sinais de progresso e liberdade

O item 18 apresenta, a nosso ver, um elemento central do pensamento de Karol Wojtyła e aquilo que o papa polonês considerava perigoso no que chamou de "cultura da morte": a contradição entre a recente consolidação dos direitos humanos como algo aceito por grande parte da comunidade internacional coexistindo com o reconhecimento de atos contrários à vida humana na condição de direitos da liberdade individual. Essa contradição, na reflexão wojtyliana, resultaria no desmoronamento dos direitos humanos como um todo (João Paulo II, 1995, n. 18, grifo do original):

> Por outro lado, a estas nobres proclamações [em favor dos direitos humanos] contrapõem-se, infelizmente nos fatos, a sua trágica negação. Esta é ainda mais desconcertante, antes mais escandalosa, precisamente porque se realiza numa sociedade que faz da afirmação e tutela dos direitos humanos o seu objetivo principal e, conjuntamente, o seu título de glória. Como pôr de acordo essas repetidas afirmações de princípio com a contínua multiplicação e a difusa legitimação dos atentados à vida humana? Como conciliar estas declarações com a recusa do mais débil, do mais carenciado, do idoso, daquele que acaba de ser concebido? Estes atentados encaminham-se exatamente na direção contrária à do respeito pela vida e representam *uma ameaça frontal a toda a cultura dos direitos do homem*. É uma ameaça capaz, em última análise, de pôr em risco o próprio significado da convivência democrática: *de sociedade de "con-viventes", as nossas cidades correm o risco de passar a sociedade de excluídos*, marginalizados, irradiados e suprimidos. Se depois o olhar se alarga ao horizonte mundial, como não pensar que a afirmação dos direitos das pessoas e dos povos, verificada em altas reuniões internacionais, se reduz a um estéril exercício retórico, se lá não é desmascarado o egoísmo dos países ricos que fecham aos países pobres o acesso ao desenvolvimento ou o condicionam a proibições absurdas de procriação, contrapondo o progresso ao homem? Porventura não é de pôr em discussão os próprios modelos econômicos, adotados pelos Estados frequentemente também

por pressões e condicionamentos de caráter internacional, que geram e alimentam situações de injustiça e violência, nas quais a vida humana de populações inteiras fica degradada e espezinhada?

Novamente, o papa aponta a cultura da morte como consequência de interesses e projetos de poder que geram exclusão. Na perspectiva wojtyliana, as ameaças de sua época eram mostra de que o espírito que havia por trás dos totalitarismos da primeira metade do século XX continuavam existindo, de forma velada, nas sociedades democráticas constituídas com base nos escombros da Segunda Guerra Mundial.

João Paulo II considerava que as raízes da contradição por ele apontada acerca dos direitos humanos e das ameaças à vida das pessoas residem na exacerbação da subjetividade e da liberdade, fechando o homem para a solidariedade para com os mais fracos. Contra isso, o papa, interpretando o episódio de Caim e Abel, assevera que Deus dotou o ser humano de uma liberdade com dimensão relacional, e que este deve se abrir às outras pessoas. Também criticou a ideia de liberdade desvinculada da verdade, o que condena a humanidade à tirania da opinião e dos caprichos passageiros. Tal lógica, assegura o pontífice, transforma todo aspecto da vida humana em algo negociável (João Paulo II, 1995, n. 19-20).

De acordo com a encíclica, a consequência prática da lógica de deturpação da liberdade é a tirania do Estado, mesmo que sob aparência de democracia e de legalidade:

> É aquilo que realmente acontece, mesmo no âmbito mais especificamente político e estatal: o primordial e inalienável direito à vida é posto em discussão ou negado com base num voto parlamentar ou na vontade de uma parte – mesmo que seja majoritária – da população. É o resultado nefasto de um relativismo que reina incontestado: o próprio "direito" deixa de o ser, porque já não está solidamente fundado sobre a inviolável dignidade da pessoa, mas fica sujeito à vontade do mais forte. Deste modo e para descrédito

> das suas regras, a democracia caminha pela estrada de um substancial totalitarismo. O Estado deixa de ser a "casa comum", onde todos podem viver segundo princípios de substancial igualdade, e transforma-se num *Estado tirano*, que presume de poder dispor da vida dos mais débeis e indefesos, desde a criança ainda não nascida até ao idoso, em nome de uma utilidade pública que, na realidade, não é senão o interesse de alguns. (João Paulo II, 1995, n. 20, grifo do original)

Tal noção de liberdade aproxima-se daquela escravidão do pecado apontada pelo Novo Testamento. Uma liberdade que nos torna escravos dos mais fortes, escravos dos caprichos e dos egoísmos alheios.

Nos itens 21 a 24, a encíclica trata de outro problema inserido na cultura da morte: o "eclipse do sentido de Deus e do homem". Sem interrogar-se sobre Deus, o ser humano tende a perder o sentido da sua existência, da vida, da morte, do sofrimento. Fechando-se à dimensão transcendente, desemboca-se em um materialismo prático, que reduz todos os seres e todas as coisas do mundo a objetos manipuláveis para o uso individual. Essas considerações retomam, de certo modo, uma reflexão feita por Wojtyła em seu livro *Amor e responsabilidade*, publicado originalmente em 1960, com base em formações dadas pelo então sacerdote polonês na Universidade Católica de Lublin entre 1958 e 1959.

Em suas reflexões para o público acadêmico, Karol estabeleceu uma relação de oposição dentre "amor" e "uso". Enquanto o amor é uma relação entre duas pessoas (sujeitos, portanto) pela busca conjunta do bem comum, o uso transforma o outro em objeto, negando-lhe a qualidade de sujeito/pessoa (Wojtyła, 1982).

O "materialismo prático" denunciado pela encíclica também redunda em uma perda de sentido do sofrimento e da capacidade de lidar com ele, realidade inevitável da vida humana. A sexualidade e as relações interpessoais também se tornam meros instrumentos de interesses egoístas. Por fim, o perigo maior ocorre na distorção da consciência moral, que se tornaria cada vez menos capaz de discernir entre o bem e o mal (João Paulo II, 1995).

Os pontos 25 a 28 da encíclica dedicam-se aos elementos de esperança presentes no contexto de então. Primeiramente, o pontífice recordou que, ao sangue derramado de Abel nos primórdios da humanidade, seguiu-se o sangue de Cristo, derramado para redenção e resgate do gênero humano. O sangue de Jesus, além de recordar o elevado valor do ser humano, aponta para a dimensão do amor na condição de doação para o outro (João Paulo II, 1995, n. 25, grifo do original):

> O sangue de Cristo, ao mesmo tempo que revela a grandeza do amor do Pai, *manifesta também como o homem é precioso aos olhos de Deus e quão inestimável seja o valor da sua vida*. Isto mesmo nos recorda o apóstolo Pedro: "Sabei que fostes resgatados da vossa vã maneira de viver, recebida por tradição dos vossos pais, não a preço de coisas corruptíveis, prata ou ouro, mas pelo sangue precioso de Cristo, como de um cordeiro imaculado e sem defeito algum" (1 Ped 1,18-19). Contemplando precisamente o sangue precioso de Cristo, sinal da sua doação de amor (cf. Jo 13,1), o crente aprende a reconhecer e a apreciar a dignidade quase divina de cada homem, e pode exclamar com incessante e agradecida admiração: "Que grande valor deve ter o homem aos olhos do Criador, se 'mereceu tão grande Redentor' (Precónio Pascal), se 'Deus deu o seu Filho', para que ele, o homem, 'não pereça, mas tenha a vida eterna' (cf. Jo 3,16)"! [...]
>
> Além disso, o sangue de Cristo revela ao homem que a sua grandeza e, consequentemente, a sua vocação consiste no *dom sincero de si*. Precisamente porque é derramado como dom de vida, o sangue de Jesus já não é sinal de morte, de separação definitiva dos irmãos, mas instrumento de uma comunhão que é riqueza de vida para todos. Quem, no sacramento da Eucaristia, bebe este sangue e permanece em Jesus (cf. Jo 6,56), vê-se associado ao

mesmo dinamismo de amor e doação de vida d'Ele, para levar à plenitude a primordial vocação ao amor que é própria de cada homem (cf. Gn 1,27; 2, 18-24).

Esse ponto se reveste de importância porque demonstra que a defesa da vida sustentada pelo Papa João Paulo II não é mero pragmatismo, mas um princípio com sólidos fundamentos teológicos e filosóficos. Nesse sentido, embora seja uma verdade acessível à razão humana, o valor da vida humana é reafirmado pela Revelação e pelo mistério da Redenção operado por Jesus Cristo.

No final da primeira parte da encíclica, o papa aponta sinais positivos de defesa da vida que se contrapunham já naquele tempo à cultura da morte – apesar de menos divulgados pela mídia (João Paulo II, 1995):

- esposos abertos aos filhos como dons de amor;
- famílias que acolhem crianças, jovens e idosos em situações de dificuldades;
- centros de ajuda à vida, que apoiam mulheres tentadas a cometer aborto;
- grupos de voluntários que ajudam pessoas sem família ou em dificuldades;
- avanços da medicina e solidariedade de vários médicos com pessoas e países em dificuldades;
- gestos cotidianos e ocultos de doação e acolhimento aos necessitados;

- sensibilidade mais avessa à guerra e à pena de morte[10];
- crescimento da qualidade de vida e da ecologia.

O Papa Francisco, a pena de morte e a Igreja na atualidade

O tema da **pena de morte** voltou a ser discutido no pontificado de Francisco. Esse pontífice tem um entendimento mais "radical" com relação à pena de morte. De fato, pelo rescrito *Ex Audientia SS.mi*, de 1º de agosto de 2018, o papa argentino alterou a redação do n. 2.267 do Catecismo da Igreja Católica, apontando a pena de morte como "inadmissível" e "contrária à dignidade humana" (*vide* Congregação..., 2018; Francisco, 2018b). Apesar de a Congregação para a Doutrina da Fé ter emitido uma carta aos bispos na mesma data do citado rescrito, explicando a mudança de redação como um desenvolvimento natural da doutrina tradicional da Igreja sobre pena capital[11], alguns setores da Igreja viram na atitude do Papa Francisco uma ruptura com o ensino tradicional católico. Como exemplos, podemos citar o acadêmico católico norte-americano Edward Feser (professor de Filosofia no Pasadena City College), coautor do livro *By Man Shall his Blood Be Shed*, que sustenta uma

---

10 Essa sensibilidade contra a guerra e a pena de morte deve ser entendida no sentido de não se recorrer a esses meios quando houver outros menos "cruentos". Isso porque João Paulo II autorizou a publicação do Catecismo da Igreja Católica em 1992 (com edição típica realizada em 1995), o qual reconhece a moralidade da guerra e da pena de morte como "últimos recursos" na legítima defesa. Não são, portanto, atos intrinsecamente maus como o aborto e a eutanásia. Foi também sob o pontificado de João Paulo II que o cardeal Ratzinger, com a autoridade de Prefeito da Congregação para a Doutrina da Fé, respondeu aos bispos dos EUA que um católico que discordasse do papa sobre a necessidade da guerra ou da pena de morte em um caso específico poderia receber a comunhão eucarística (diferentemente de um católico que advogasse em favor do aborto ou da eutanásia). Essa carta foi redigida em 2004, em plena Guerra do Iraque (à qual João Paulo II e Ratzinger se opunham, mas a qual certos bispos norte-americanos julgavam ser conveniente para a segurança de sua nação e do contexto geopolítico da época). Sobre esse assunto, ver Ratzinger (2004), Diehl (2018) e Höffner (1986).

11 A esse respeito, consulte: <http://press.vatican.va/content/salastampa/it/bollettino/pubblico/2018/08/02/0556/01210.html#letterapo>. Acesso em: 28 jan. 2020.

> defesa católica da licitude da pena de morte (Feser; Bessette, 2017), e que fez textos contendo críticas às implicações teóricas contidas na nova redação do Catecismo a respeito do assunto (vide Feser, 2017, 2018a, 2018b). Por outro lado, o conhecido apologeta católico brasileiro Felipe Aquino colocou-se em uma postura favorável à mudança do texto, entendendo-a como um desenvolvimento da doutrina anterior (Aquino, 2019).
>
> A nova redação do trecho 2.267 do Catecismo também suscitou debates sobre o assentimento devido pelo fiel católico aos distintos graus do Magistério da Igreja (Fastiggi, 2005; Washburn, 2019; Evans, 2018).
>
> O assunto também foi objeto de estudo do meio acadêmico em geral. Para mais informações sobre esse tema, *vide* Turner (2018) e Campos e Marques (2018).

O segundo capítulo da encíclica dedica-se a explicar o que o papa chama de "evangelho da vida":

> O *Evangelho da vida* não é uma simples reflexão, mesmo se original e profunda, sobre a vida humana; nem é apenas um preceito destinado a sensibilizar a consciência e provocar mudanças significativas na sociedade; tampouco é a ilusória promessa de um futuro melhor. O *Evangelho da vida* é uma realidade concreta e pessoal, porque consiste no anúncio da *própria pessoa de Jesus*. [...]
>
> Deste modo, a possibilidade de "conhecer" a *verdade plena* sobre o valor da vida humana é oferecida ao homem pela palavra, a ação e a própria pessoa de Jesus; e desta "fonte", vem-lhe, de forma especial, a capacidade de "praticar" perfeitamente tal verdade (cf. Jo 3,21), ou seja, a capacidade de assumir e realizar em plenitude a responsabilidade de amar e servir, de defender e promover a vida humana. [...]

> Então, a vida divina e eterna é anunciada e comunicada em Jesus, "Verbo da vida". Graças a este anúncio e a este dom, a vida física e espiritual do homem, mesmo na sua fase terrena, adquire plenitude de valor e significado: com efeito, a vida divina e eterna é o fim, para o qual está orientado e chamado o homem que vive neste mundo. Assim, o *Evangelho da vida* encerra tudo aquilo que a própria experiência e a razão humana dizem acerca do valor da vida humana: acolhe-o, eleva-o e condu-lo à sua plena realização. (João Paulo II, 1995, n. 29-30, grifo do original)

O "Evangelho da Vida" não consiste, portanto, apenas em uma verdade teórica, mas em uma realização prática que conduz a vida terrena do homem ao sentido pleno almejado por Cristo que culmina na vida eterna. Tal mensagem de sentido da vida humana já aparece no Antigo Testamento, na experiência do povo de Israel em meio às vicissitudes da existência humana. O papa destaca o livro de Jó com relação à problemática do sofrimento: a fé aparece como elemento para dar respostas aos dramas da existência humana.

No Novo Testamento, a ação de Jesus aparece como clarificadora plena do sentido da vida humana. O Cristo compartilha das dificuldades e da pobreza inerentes aos homens, anuncia sua mensagem aos marginalizados e completa sua obra doando a Si mesmo em sacrifício pela humanidade (João Paulo II, 1995, n. 33, grifo do original):

> As contradições e riscos da vida são assumidos plenamente por Jesus: "sendo rico, fez-Se pobre por vós, a fim de vos enriquecer pela pobreza" (2Cor 8,9). Esta pobreza, de que fala Paulo, não é apenas despojamento dos privilégios divinos, mas também partilha das condições mais humildes e precárias da vida humana (cf. Fil 2,6-7). Jesus vive esta pobreza ao longo de toda a sua vida até ao momento culminante da cruz: "Humilhou-Se a Si mesmo, feito obediente até à morte e morte de cruz. Por isso é que Deus O exaltou e Lhe deu um nome que está acima de todo o nome" (Fil 2,8-9). É precisamente *na sua morte* que *Jesus revela toda a grandeza*

e valor da vida, enquanto a sua doação na cruz se torna fonte de vida nova para todos os homens (cf. Jo 12,32). Neste peregrinar por entre as contradições e a própria perda da vida, Jesus é guiado pela certeza de que ela está nas mãos do Pai. Por isso, na cruz pode dizer-Lhe: "Pai, nas tuas mãos entrego o meu espírito" (Lc 23,46), isto é, a minha vida. Verdadeiramente grande é o valor da vida humana, se o Filho de Deus a assumiu e fez dela o lugar onde se realiza a salvação para a humanidade inteira!

Continuando a reflexão bíblica, o papa aponta a vida humana como algo **sempre bom**. O ser humano é manifestação da glória divina, recebeu do Criador a missão de dominar e cuidar da terra com responsabilidade, participa da vida divina e é capaz de conhecer e amar a Deus. A dimensão relacional da pessoa humana é retratada pelo relato do Gênesis, no qual o homem sente-se completo quando recebe a companhia da mulher.

A deturpação da grandeza humana deve-se, na perspectiva do papa, ao pecado (João Paulo II, 1995, n. 36, grifo do original):

> Infelizmente, este projeto maravilhoso de Deus ficou ofuscado pela irrupção do pecado na história. Com o pecado, o homem revolta-se contra o Criador, acabando por *idolatrar as criaturas*: "Veneraram a criatura e prestaram-lhe culto de preferência ao Criador" (Rm 1,25). Deste modo, o ser humano não só deturpa a imagem de Deus em si mesmo, mas é tentado a ofendê-la também nos outros, substituindo as relações de comunhão por atitudes de desconfiança, indiferença, inimizade, até chegar ao ódio homicida. Quando não se reconhece *Deus como tal*, atraiçoa-se o sentido profundo do homem e prejudica-se a comunhão entre os homens.

> Na vida do homem, a imagem de Deus volta a resplandecer e manifesta-se em toda a sua plenitude com a vinda do Filho de Deus em carne humana: "Ele é a imagem do Deus invisível" (Col 1,15), "o resplendor da sua glória e a imagem da sua substância" (Heb 1,3). Ele é a imagem perfeita do Pai.

O papa concluiu apontando a imitação de Cristo como critério para restaurar a dignidade plena da vida humana.

Nos itens 37 e 38, há uma definição de *vida eterna* como a comunhão com Cristo, que se inicia já na existência terrena para concluir-se na dimensão supratemporal. Dessa forma, João Paulo II considerou que a consciência da vida eterna anima a uma maior valorização também da vida terrena (João Paulo II, 1995, n. 38, grifo do original):

> Daqui resultam consequências imediatas para a vida humana em sua própria *condição terrena*, na qual já germinou e está a crescer a vida eterna. Se o homem ama instintivamente a vida porque é um bem, tal amor encontra ulterior motivação e força, nova amplitude e profundidade nas dimensões divinas desse bem. Em semelhante perspectiva, o amor que cada ser humano tem pela vida não se reduz à simples busca de um espaço onde pode exprimir-se a si mesmo e entrar em relação com os outros, mas evolui até a certeza feliz de poder fazer da própria existência o "lugar" da manifestação de Deus, do encontro e comunhão com Ele. A vida que Jesus nos dá, não desvaloriza a nossa existência no tempo, mas assume-a e condu-la ao seu último destino: "Eu sou a ressurreição e a vida; [...] todo aquele que vive e crê em Mim não morrerá jamais" (Jo 11,25.26).

A vida eterna manifesta-se também na existência terrena por meio da comunhão entre os seres humanos e da doação recíproca, reflexo do exemplo de Jesus. A consciência sobre o valor da vida desperta o ser humano para outra realidade: o senhorio de Deus sobre a vida humana. Tal realidade encontrava-se já no Antigo Testamento e se torna aperfeiçoada na nova aliança com o ensinamento de Cristo no sermão da montanha:

> O preceito relativo à inviolabilidade da vida humana ocupa *o centro dos "dez mandamentos" na aliança do Sinai* (cf. Ex 34,28). Nele se proíbe, antes de mais, o homicídio: "Não matarás" (Ex 20,13), "não

causarás a morte do inocente e do justo" (Ex 23,7); mas proíbe também – como se explicita na legislação posterior de Israel – qualquer lesão infligida a outrem (cf. Ex 21,12-27). Tem-se de reconhecer que esta sensibilidade pelo valor da vida no Antigo Testamento, apesar de já tão notável, não alcança ainda a perfeição do Sermão da Montanha, como resulta de alguns aspectos da legislação penal então vigente, que previa castigos corporais pesados e até mesmo a pena de morte. Mas globalmente esta mensagem, que o Novo Testamento levará à perfeição, é já um forte apelo ao respeito pela inviolabilidade da vida física e da integridade pessoal, e tem o seu ápice no mandamento positivo que obriga a cuidar do próximo como de si mesmo: "Amarás o teu próximo como a ti mesmo" (Lv 19,18). (João Paulo II, 1995, n. 40, grifo do original)

Jesus aperfeiçoa a lógica veterotestamentária de socorro aos necessitados, exortando seus discípulos a estenderem seu amor também aos inimigos. A caridade para com os seres humanos, independentemente de condições acidentais, expressada na parábola do bom samaritano, é apontada pelo papa, citando São Paulo, como o cumprimento da Lei de Deus.

No item 42, João Paulo II recorda a dimensão ecológica da prática de valorização da vida, no sentido de que o domínio concedido por Deus ao ser humano para que este o exerça sobre a criação está ordenado à responsabilidade de prover condições de vida para si e para seus semelhantes. No item 43, é destacada a importância da abertura à vida no matrimônio, no qual, pelo ato conjugal e pela criação da prole, o ser humano torna-se partícipe da obra criadora de Deus:

> Ao falar de "uma participação especial" do homem e da mulher na "obra criadora" de Deus, o Concílio pretende pôr em relevo como a geração do filho é um fato não só profundamente humano mas também altamente religioso, enquanto implica os cônjuges, que formam "uma só carne" (Gn 2,24), e simultaneamente o próprio Deus que Se faz presente. Como escrevi na *Carta às Famílias*, "quando da

> união conjugal dos dois nasce um novo homem, este traz consigo ao mundo uma particular imagem e semelhança do próprio Deus: *na biologia da geração está inscrita a genealogia da pessoa*. Ao afirmarmos que os cônjuges, enquanto pais, são colaboradores de Deus Criador na concepção e geração de um novo ser humano, não nos referimos apenas às leis da biologia; pretendemos sobretudo sublinhar que, *na paternidade e maternidade humana, o próprio Deus está presente* de um modo diverso do que se verifica em qualquer outra geração "sobre a terra". Efetivamente, só de Deus pode provir aquela "imagem e semelhança" que é própria do ser humano, tal como aconteceu na criação. A geração é a continuação da criação". (João Paulo II, 1995, n. 43, grifo do original)

O papa finaliza esse ponto sustentando que o dever de acolher a vida se estende também aos mais necessitados, com o que o próprio Cristo de identifica.

A encíclica, nos pontos 44 e 45, releva a dignidade do ser humano desde a sua concepção, recordando passagens de Jeremias (Jr 1,5), Jó (Jó 10,8-18) e 2 Macabeus (2Mac 7,22-23). O cerne da mensagem é este: a concepção de um novo ser humano é algo querido por Deus com um propósito e uma vocação específica pensados desde a eternidade. Cada existência humana é especial e concebida no coração de Deus antes mesmo da geração no ventre materno. O papa finaliza o argumento relembrando o episódio da visitação de Maria à sua prima Isabel, no qual o futuro profeta João, ainda no útero de sua mãe, anuncia com gestos de júbilo a presença do Salvador no útero de Maria.

Com relação à temática da velhice, o texto pontifício aborda a veneração que os textos veterotestamentários atribuíam à velhice e a confiança que os autores sagrados depositavam em Deus no fim de suas vidas. Essa confiança no desígnio divino manifestava-se também nas situações de doenças. O papa escreve que: "O homem não é senhor nem da vida nem da morte; tanto numa como noutra, deve abandonar-se totalmente à 'vontade do Altíssimo', ao seu desígnio de amor" (João Paulo II, 1995, n. 46).

Jesus também levava em consideração a saúde corporal do homem, conforme argumenta o autor da encíclica, recordando as curas operadas pelo Cristo na sua vivência pública. Entretanto, o papa encerra esse ponto recordando que, às vezes, é necessário sacrificar a vida terrena por um bem maior, como fez Cristo para redimir os homens e como fizeram os mártires para não renegarem a fé (João Paulo II, 1995, n. 47, grifo do original):

> Certamente, *a vida do corpo na sua condição terrena não é um absoluto* para o crente, de tal modo que lhe pode ser pedido para a abandonar por um bem superior; como diz Jesus, "quem quiser salvar a sua vida, perdê-la-á, e quem perder a sua vida por Mim e pelo Evangelho, salvá-la-á" (Mc 8,35). A este propósito, o Novo Testamento oferece diversos testemunhos. Jesus não hesita em sacrificar-Se a Si próprio e, livremente, faz da sua vida uma oferta ao Pai (cf. Jo 10,17) e aos seus (cf. Jo 10,15). Também a morte de João Batista, precursor do Salvador, atesta que a existência terrena não é o bem absoluto: é mais importante a fidelidade à palavra do Senhor, ainda que esta possa pôr em jogo a vida (cf. Mc 6,17-29). E Estêvão, ao ser privado da vida temporal porque testemunha fiel da ressurreição do Senhor, segue os passos do Mestre e vai ao encontro dos seus lapidadores com as palavras do perdão (cf. Act 7,59-60), abrindo a estrada do exército inumerável dos mártires, venerados pela Igreja desde o princípio.
>
> Todavia, ninguém pode escolher arbitrariamente viver ou morrer; efetivamente, senhor absoluto de tal decisão é apenas o Criador, Aquele em quem "vivemos, nos movemos e existimos" (Act 17,28).

Em última instância, o princípio a seguir é novamente o da primazia e do senhorio absoluto de Deus sobre a vida e a morte do ser humano.

Uma verdade apontada pelo papa polonês nos pontos 48 e 49 da encíclica é que a lei de Deus contida nos Dez Mandamentos deve ser entendida como um conjunto. O mandamento "não matarás" facilmente esvazia-se quando dissociado dos demais mandamentos, que se constituem no "caminho de vida", direcionamento para bem levar a vida humana na sua existência terrena. Esse caminho de vida consolida-se no "evangelho da vida" de Jesus, no qual a vida não está somente sob a lei, mas torna-se um dom de amor a ser compartilhado com o próximo.

O capítulo II da encíclica encerra-se com os pontos 50 e 51, que abordam o sentido da morte humana. Segundo o papa, esse sentido foi revelado com maior clareza na morte do Salvador na cruz:

> Jesus é pregado na cruz e levantado da terra. Vive o momento da sua máxima "impotência", e a sua vida parece totalmente abandonada aos insultos dos seus adversários e às mãos dos seus carrascos: é humilhado, escarnecido, ultrajado (cf. Mc 15,24-36). E contudo, precisamente diante de tudo isso e "ao vê-Lo expirar daquela maneira", o centurião romano exclama: "Verdadeiramente este homem era o Filho de Deus!" (Mc 15,39). Revela-se assim, no momento da sua extrema debilidade, a identidade do Filho de Deus: *na Cruz, manifesta-se a sua glória!*

> Com a sua morte, Jesus ilumina o sentido da vida e da morte de todo o ser humano. Antes de morrer, Jesus reza ao Pai, pedindo o perdão para os seus perseguidores (cf. Lc 23,34), e ao malfeitor, que Lhe pede para Se recordar dele no seu reino, responde: "Em verdade te digo: hoje estarás Comigo no Paraíso" (Lc 23,43). Depois da sua morte, "abriram-se os túmulos e muitos corpos de santos que estavam mortos, ressuscitaram" (Mt 27,52). A salvação, operada por Jesus, é doação de vida e de ressurreição. Ao longo da sua existência, Jesus tinha concedido a salvação, curando e fazendo o bem a todos (cf. Act 10,38). Mas os milagres, as curas e as próprias ressurreições eram sinal de outra salvação que consiste

no perdão dos pecados, ou seja, na libertação do homem do mal mais profundo, e na sua elevação à própria vida de Deus. (João Paulo II, 1995, n. 50, grifo original)

Jesus participa do sofrimento, da impotência e da debilidade do homem diante da morte. O ser humano torna-se partícipe da vida divina por meio dos sacramentos, consequência do sacrifício da cruz. Nesse sentido, a morte de Cristo mostra a dimensão da **doação** como elemento que eleva a vida humana à sua plenitude.

O capítulo III evidencia a importância de se compreender a lei de Deus como um dom em si mesma, uma dádiva de Deus para o homem viver bem. Esses preceitos devem ser acolhidos em um espírito de obediência e alegria. O ponto 53 mostra que a vida humana é sagrada e inviolável pela sua profunda vinculação com o ato criador de Deus. Dessa forma, a morte não foi inicialmente desejada pelo Criador, mas entrou no mundo como consequência do pecado, instigado por Satanás, a quem o Evangelho chama de "assassino desde o princípio".

Sobre o quinto preceito do Decálogo, o papa escreveu que:

> O preceito "não matarás", explicitamente, tem um forte conteúdo negativo: indica o limite extremo que nunca poderá ser transposto. Implicitamente, porém, induz a uma atitude positiva de respeito absoluto pela vida, levando a promovê-la e a crescer seguindo a estrada do amor que se dá, acolhe e serve. (João Paulo II, 1995, n. 54)

Essa dupla dimensão foi sempre recordada pela Tradição da Igreja, a qual, ao lado das condenações aos atos diretamente homicidas, instava a necessidade de auxílio às carências dos homens. A gravidade desse preceito refletia-se também na antiga prática penitencial da Igreja, que exigia penitência pública dos homicidas.

Perante o paradoxo da legítima defesa (defesa da própria vida *versus* preservação da vida do agressor), o papa explica:

Com efeito, há situações onde os valores propostos pela Lei de Deus parecem formar um verdadeiro paradoxo. É o caso, por exemplo, da *legítima defesa*, onde o direito de proteger a própria vida e o dever de não lesar a alheia se revelam, na prática, dificilmente conciliáveis. Sem dúvida que o valor intrínseco da vida e o dever de dedicar um amor a si mesmo não menor que aos outros, fundam *um verdadeiro direito à própria defesa*. O próprio preceito que manda amar os outros, enunciado no Antigo Testamento e confirmado por Jesus, supõe o amor a si mesmo como termo de comparação: "Amarás o teu próximo *como a ti mesmo*" (Mc 12,31). Portanto, ninguém poderia renunciar ao direito de se defender por carência de amor à vida ou a si mesmo, mas apenas em virtude de um amor heroico que, na linha do espírito das bem-aventuranças evangélicas (cf. Mt 5,38-48), aprofunde o amor a si mesmo, transfigurando-o naquela oblação radical cujo exemplo mais sublime é o próprio Senhor Jesus.

Por outro lado, "a legítima defesa pode ser, não somente um direito, mas um dever grave, para aquele que é responsável pela vida de outrem, do bem comum da família ou da sociedade". Acontece, infelizmente, que a necessidade de colocar o agressor em condições de não molestar implique, às vezes, a sua eliminação. Nesta hipótese, o desfecho mortal há-de ser atribuído ao próprio agressor que a tal se expôs com a sua ação, inclusive no caso em que ele não fosse moralmente responsável por falta do uso da razão. (João Paulo II, 1995, n. 55, grifo do original)

A legítima defesa é moralmente aceitável, porque elimina a vida de outrem apenas para preservação de uma vida inocente. Nesse caso, a morte do agressor é consequência de sua própria ação, não a finalidade primeira requerida pelo ato de defesa. A existência de casos de avaliação moral mais complexa como o anteriormente exposto também é um motivo que leva a Igreja a pronunciar-se frequentemente sobre temas morais que estejam em evidência em determinada época ou determinado contexto.

A encíclica, no ponto 56, aborda novamente o problema da pena de morte. Recorda o Catecismo que, embora admitindo em tese a licitude desse tipo de punição, exorta a que os meios incruentos sejam preferidos à pena capital sempre que possível, por estarem mais conformes à dignidade humana e por facultarem maior possibilidade de arrependimento (João Paulo II, 1995, n. 56).

Após refletir sobre a dignidade da vida dos agressores, a encíclica acentua a gravidade de atentar contra a vida inocente, verdade de tal importância que, frequentemente, encontrou-se reafirmada no magistério eclesiástico, no consenso dos bispos e dos fiéis. O próprio João Paulo II reforça esse princípio moral, utilizando-se de sua autoridade de pastor da Igreja:

> Portanto, com a autoridade que Cristo conferiu a Pedro e aos seus Sucessores, em comunhão com os Bispos da Igreja Católica, *confirmo que a morte direta e voluntária de um ser humano inocente é sempre gravemente imoral*. Esta doutrina, fundada naquela lei não escrita que todo o homem, pela luz da razão, encontra no próprio coração (cf. Rm 2,14-15), é confirmada pela Sagrada Escritura, transmitida pela Tradição da Igreja e ensinada pelo Magistério ordinário e universal.
>
> A decisão deliberada de privar um ser humano inocente da sua vida é sempre má do ponto de vista moral, e nunca pode ser lícita nem como fim, nem como meio para um fim bom. É, de fato, uma grave desobediência à lei moral, antes ao próprio Deus, autor e garante desta; contradiz as virtudes fundamentais da justiça e da caridade. "Nada e ninguém pode autorizar que se dê a morte a um ser humano inocente seja ele feto ou embrião, criança ou adulto, velho, doente incurável ou agonizante. E também a ninguém é permitido requerer este gesto homicida para si ou para outrem confiado à sua responsabilidade, nem sequer consenti-lo explícita ou implicitamente. Não há autoridade alguma que o possa legitimamente impor ou permitir". (João Paulo II, 1995, n. 57, grifo do original)

O papa também assevera que os seres humanos têm igual direito à vida, independentemente da condição, uma vez que todo ser humano tem caráter de pessoa e não de objeto que possa ser manipulado.

A imoralidade do aborto é apontada nos itens 58 e 59, nos quais o papa expõe a total inocência do nascituro, agravante do mal moral da prática abortiva:

> A gravidade moral do aborto provocado aparece em toda a sua verdade, quando se reconhece que se trata de um homicídio e, particularmente, quando se consideram as circunstâncias específicas que o qualificam. A pessoa eliminada é um ser humano que começa a desabrochar para a vida, isto é, o que de mais *inocente*, em absoluto, se possa imaginar: nunca poderia ser considerado um agressor, menos ainda um injusto agressor! É *frágil*, inerme, e numa medida tal que o deixa privado inclusive daquela forma mínima de defesa constituída pela força suplicante dos gemidos e do choro do recém-nascido. Está *totalmente entregue* à proteção e aos cuidados daquela que o traz no seio. (João Paulo II, 1995, n. 58, grifo do original)

Com relação à responsabilidade do ato, o papa apontou que não só a gestante que consente no ato é culpável, como também o pai do nascituro, demais familiares, médicos ou qualquer outra pessoa que tenha colaborado direta ou indiretamente para o ato. Quando a mulher abortar por pressão psicológica de outros, a estes recai maior responsabilidade pela ação pecaminosa. O texto atribui culpabilidade também aos legisladores e aos governantes que favoreçam a prática do aborto, bem como à difusão de uma "mentalidade de permissivismo sexual", o que faz com que haja também uma certa culpa social pela expansão da prática abortista, constituindo-se em uma "estrutura de pecado".

Frente às objeções de alguns, que dizem ser impossível imputar a categoria de vida aos primeiros estágios do fruto da concepção, o papa expõe, nos pontos 60 a 62, que a Igreja considera em seu magistério a vida desde a concepção e que mesmo os teólogos que nutriam dúvidas sobre a infusão da alma no momento da concepção manifestavam-se contra o aborto voluntário (João Paulo II, 1995). Além disso, o autor da encíclica recordou o rigor das punições canônicas da Igreja sobre os que praticavam o aborto.

No ponto 62, João Paulo II usou novamente da sua prerrogativa de chefe visível da Igreja para confirmar, em comunhão com a Igreja e sua Tradição, a imoralidade do aborto provocado:

> Portanto, com a autoridade que Cristo conferiu a Pedro e aos seus Sucessores, em comunhão com os Bispos – que de várias e repetidas formas condenaram o aborto e que, na consulta referida anteriormente, apesar de dispersos pelo mundo, afirmaram unânime consenso sobre esta doutrina – *declaro que o aborto direto, isto é, querido como fim ou como meio, constitui sempre uma desordem moral grave*, enquanto morte deliberada de um ser humano inocente. Tal doutrina está fundada sobre a lei natural e sobre a Palavra de Deus escrita, é transmitida pela Tradição da Igreja e ensinada pelo Magistério ordinário e universal. (João Paulo II, 1995, n. 62, grifo do original)

Todas as considerações tecidas pelo pontífice acerca da dignidade do nascituro e da imoralidade da prática abortiva aplicam-se também, em seguida, à problemática dos embriões humanos e dos experimentos com eles. Esses experimentos são classificados como **imorais** por transformarem a vida humana de um inocente e indefeso em um simples instrumento de uso. A mesma lógica se aplica para a fecundação *in vitro* e para outras técnicas de manipulação da reprodução humana. Tal ato não se justifica, mesmo que redunde em bem para outros seres. Não é legítimo eliminar uma vida inocente em prol da melhoria de outra vida humana.

> Com respeito aos diagnósticos pré-natal, a encíclica apresenta uma distinção. Quando não apresentar riscos para o nascituro e visar antecipar o conhecimento de um problema e seu eventual tratamento, tal diagnóstico é moralmente legítimo. Porém, quando o diagnóstico objetiva conhecer de antemão uma deficiência física/mental ou doença como critério para se eliminar uma vida difícil, tal diagnóstico torna-se imoral. Contrapondo-se a essa mentalidade eugenista, o papa polonês recordou o exemplo de várias famílias que acolhem com amor e solicitude seus filhos e parentes deficientes, ou que adotam pessoas que foram abandonadas por problemas semelhantes.

No ponto 65, o papa usou sua autoridade para confirmar a imoralidade intrínseca à eutanásia. Sobre a antecipação da morte de um idoso ou doente terminal, o texto da encíclica trata, primeiramente, do contexto cultural e técnico, apontando a influência da cultura hedonista/materialista e do avanço da medicina sobre as mudanças na maneira de encarar o drama do sofrimento e da morte. Em seguida, o pontífice buscou definir a eutanásia:

> Para um correto juízo moral da eutanásia, é preciso, antes de mais, defini-la claramente. Por *eutanásia, em sentido verdadeiro e próprio*, deve-se entender uma ação ou uma omissão que, por sua natureza e nas intenções, provoca a morte com o objetivo de eliminar o sofrimento. "A eutanásia situa-se, portanto, ao nível das intenções e ao nível dos métodos empregues".
>
> Distinta da eutanásia é a decisão de renunciar ao chamado *"excesso terapêutico"*, ou seja, a certas intervenções médicas já inadequadas à situação real do doente, porque não proporcionadas aos resultados que se poderiam esperar ou ainda porque demasiado gravosas para ele e para a sua família. Nestas situações, quando a morte se anuncia iminente e inevitável, pode-se em consciência

> "renunciar a tratamentos que dariam somente um prolongamento precário e penoso da vida, sem, contudo, interromper os cuidados normais devidos ao doente em casos semelhantes". Há, sem dúvida, a obrigação moral de se tratar e procurar curar-se, mas essa obrigação há-de medir-se segundo as situações concretas, isto é, impõe-se avaliar se os meios terapêuticos à disposição são objetivamente proporcionados às perspectivas de melhoramento. A renúncia a meios extraordinários ou desproporcionados não equivale ao suicídio ou à eutanásia; exprime, antes, a aceitação da condição humana defronte à morte. (João Paulo II, 1995, n. 65, grifo do original)

Assim se estabelece, portanto, uma distinção entre eutanásia (provocar a morte visando a eliminação do sofrimento) e a recusa ao "excesso terapêutico" (insistência em tratamentos onerosos sem resultados satisfatórios para a saúde do enfermo)[12]. Renunciar aos tratamentos onerosos não significa, contudo, a negação de cuidados básicos (alimentos, oxigênio), o que provocaria a morte do paciente, constituindo-se em eutanásia. Com relação aos meios para aliviar o sofrimento humano, o pontífice admite sua moralidade quando necessários, embora considere importante que o ser humano possa estar consciente (se possível) no momento da proximidade da morte para poder resolver questões familiares e se preparar para o encontro com Deus.

Os pontos 66 e 67 tratam da gravidade do suicídio, bem como do "suicídio assistido" mediante a eutanásia consentida (quando a eutanásia não é consentida pelo paciente, ocorre um homicídio). O papa finalizou esse ponto abordando o ponto de vista cristão sobre a aceitação da morte (João Paulo II, 1995, n. 67, grifo do original):

---

[12] A obstinação terapêutica também é conhecida como *distanásia*. O meio termo entre a utilização de tratamentos onerosos e infrutíferos e a eutanásia (provocar a morte) chama-se *ortotanásia* e consiste na aceitação da morte natural, sem a negação dos cuidados básicos de alimentos e oxigênio (Vêneto, 2017).

O apóstolo Paulo exprimiu esta novidade em termos de pertença total ao Senhor que abraça qualquer condição humana: "Nenhum de nós vive para si mesmo, e nenhum de nós morre para si mesmo. Se vivemos, para o Senhor vivemos; se morremos, para o Senhor morremos. Quer vivamos, quer morramos, pertencemos ao Senhor" (Rm 14,7-8). *Morrer para o Senhor* significa viver a própria morte como ato supremo de obediência ao Pai (cf. Fil 2,8), aceitando encontrá-la na "hora" querida e escolhida por Ele (cf. Jo 13,1), o único que pode dizer quando está cumprido o caminho terreno. *Viver para o Senhor* significa também reconhecer que o sofrimento, embora permaneça em si mesmo um mal e uma prova, sempre se pode tornar fonte de bem. E torna-se tal se é vivido por amor e com amor, na participação, por dom gratuito de Deus e por livre opção pessoal, no próprio sofrimento de Cristo crucificado. Deste modo, quem vive o seu sofrimento no Senhor fica mais plenamente configurado com Ele (cf. Fil 3,10; 1 Ped 2,21) e intimamente associado à sua obra redentora a favor da Igreja e da humanidade. [87] É esta experiência do Apóstolo, que toda a pessoa que sofre é chamada a viver: "Alegro-me nos sofrimentos suportados por vossa causa e completo na minha carne o que falta aos sofrimentos de Cristo pelo seu Corpo, que é a Igreja" (Col 1,24).

Uma cultura da vida sob a perspectiva cristã não significa, portanto, uma fuga da realidade presente do sofrimento e da morte, mas da aceitação dela na hora querida pela Divina Providência, sem lhe usurpar o senhorio sobre a vida ou a morte.

João Paulo II apontou também, como problemática de sua época, a separação entre a lei civil e a lei moral, em que o único critério para as leis seria a vontade da maioria, baseada em uma distorcida noção de liberdade, confundida com os arbítrios individuais. A raiz dessa separação se encontraria no relativismo ético, apresentado como única garantia da democracia e da tolerância. Diante desse panorama, o papa argumentou que os crimes contra a humanidade não deixariam de ser crimes se fossem perpetuados por consenso popular em vez de serem cometidos por tiranos. Maior exemplo disso é quando a maioria decide ser legítimo eliminar a vida do ser humano frágil que não tem condições de se defender.

No entender wojtyliano, a democracia não é automaticamente moral, pois é um meio de ordenamento jurídico/político, não um fim da sociedade. Nesse sentido, a democracia só se torna moral se estiver ordenada aos valores éticos:

> Na base destes valores, não podem estar "maiorias" de opinião provisórias e mutáveis, mas só o reconhecimento de uma lei moral objetiva que, enquanto "lei natural" inscrita no coração do homem, seja ponto normativo de referência para a própria lei civil. Quando, por um trágico obscurecimento da consciência coletiva, o ceticismo chegasse a pôr em dúvida mesmo os princípios fundamentais da lei moral, então o próprio ordenamento democrático seria abalado nos seus fundamentos, ficando reduzido a puro mecanismo de regulação empírica dos diversos e contrapostos interesses. (João Paulo II, 1995, n. 70)

Com base nessas reflexões, a encíclica recorda os fundamentos da lei civil e da lei moral. A primeira deve garantir o ordenamento e funcionamento da sociedade, promovendo o bem comum. Para isso, deve estar conformada aos princípios morais, garantindo o direito à vida humana e os demais direitos que lhes são anexos. Nesse caso, uma lei que ordenasse algo contra a lei moral ou contra a lei de Deus não teria força de lei e não deveria ser obedecida.

> As leis que autorizam e favorecem o aborto e a eutanásia colocam-se, pois, radicalmente não só contra o bem do indivíduo, mas também contra o bem comum e, por conseguinte, carecem totalmente de autêntica validade jurídica. De fato, o menosprezo do direito à vida, exatamente porque leva a eliminar a pessoa, ao serviço da qual a sociedade tem a sua razão de existir, é aquilo que se contrapõe mais frontal e irreparavelmente à possibilidade de

realizar o bem comum. Segue-se daí que, quando uma lei civil legitima o aborto ou a eutanásia, deixa, por isso mesmo, de ser uma verdadeira lei civil, moralmente obrigatória.

O aborto e a eutanásia são, portanto, crimes que nenhuma lei humana pode pretender legitimar. Leis deste tipo não só não criam obrigação alguma para a consciência, como, ao contrário, geram uma *grave e precisa obrigação de opor-se a elas através da objeção de consciência*. Desde os princípios da Igreja, a pregação apostólica inculcou nos cristãos o dever de obedecer às autoridades públicas legitimamente constituídas (cf. Rm 13,1-7; 1 Ped 2,13-14), mas, ao mesmo tempo, advertiu firmemente que "importa mais obedecer a Deus do que aos homens" (Act 5,29). Já no Antigo Testamento e a propósito de ameaças contra a vida, encontramos um significativo exemplo de resistência à ordem injusta da autoridade. As parteiras dos hebreus opuseram-se ao Faraó, que lhes tinha dado a ordem de matarem todos os rapazes por ocasião do parto. "Não cumpriram a ordem do rei do Egito, e deixaram viver os rapazes" (Ex 1,17). Mas há que salientar o motivo profundo deste seu comportamento: *"As parteiras temiam a Deus"* (Ex 1,17). É precisamente da obediência a Deus – o único a Quem se deve aquele temor que significa reconhecimento da sua soberania absoluta – que nascem a força e a coragem de resistir às leis injustas dos homens. É a força e a coragem de quem está disposto mesmo a ir para a prisão ou a ser morto à espada, na certeza de que nisto "está a paciência e a fé dos Santos" (Ap 13,10).

Portanto, no caso de uma lei intrinsecamente injusta, como aquela que admite o aborto ou a eutanásia, nunca é lícito conformar-se com ela, "nem participar numa campanha de opinião a favor de uma lei de tal natureza, nem dar-lhe a aprovação com o próprio voto". (João Paulo II, 1995, n. 72-73, grifo do original)

A encíclica assevera que uma lei iníqua (nesse caso, que aprove o aborto ou a eutanásia) deve ser desobedecida e que as pessoas não devem dar apoio por meio de opiniões ou de votos a tais medidas. Além do dever moral de consciência em não cooperar com o mal, o papa recorda que não ser forçado a agir contra as próprias convicções é um direito humano vinculado à própria liberdade. Trata-se do direito de "objeção de consciência", ao qual, por exemplo, um médico poderia recorrer para se recusar a fazer um aborto em um país onde essa prática esteja legalizada.

Na conclusão do capítulo III da encíclica, João Paulo II (1995) explica que os preceitos morais negativos dos mandamentos – isto é, as proibições (tais como se encontram na maior parte dos artigos do Decálogo) – não são uma restrição da liberdade, mas seu começo: indicam o horizonte desde o qual o homem deve seguir para não rebaixar sua dignidade. Observar o mandamento "não matarás", neste caso, é apenas o primeiro passo para uma cultura promotora da vida.

O capítulo IV da encíclica aborda o que o papa chamou de "cultura da vida". O texto começa recordando a missão evangelizadora da Igreja, inerente a todos os seus membros de acordo com a missão e a capacidade de cada um. Nesse sentido, aplica-se a mesma lógica à defesa da vida, instando os cristãos a serem promotores de uma cultura da vida. Esse dever é consequência de o fiel se conscientizar renovado pela vida divina por meio do Batismo.

A mensagem da vida encontra-se no âmago da boa nova de Jesus:

> *O próprio anúncio de Jesus é anúncio da vida.* Ele, de fato, é o "Verbo da vida" (1Jo 1,1). N'Ele, "a vida manifestou-se" (1Jo 1,2); melhor, Ele mesmo é a "vida eterna que estava no Pai e que nos foi manifestada" (1Jo 1,2). Esta mesma vida, graças ao dom do Espírito, foi comunicada ao homem. Orientada para a vida em plenitude – a "vida eterna" –, também a vida terrena de cada um adquire o seu sentido pleno. (João Paulo II, 1995, n. 80, grifo do original)

Com relação à forma de anunciar o evangelho da vida, o papa se expressa da seguinte forma:

> Trata-se em primeiro lugar de anunciar o *núcleo* deste Evangelho: é o anúncio de um Deus vivo e solidário, que nos chama a uma profunda comunhão Consigo e nos abre à esperança segura da vida eterna; é a afirmação do laço indivisível que existe entre a pessoa, a sua vida e a própria corporeidade; é a apresentação da vida humana como vida de relação, dom de Deus, fruto e sinal do seu amor; é a proclamação da extraordinária relação de Jesus com todo o homem, que permite reconhecer o rosto de Cristo em cada rosto humano; é a indicação do "dom sincero de si" como tarefa e lugar de plena realização da própria liberdade. (João Paulo II, 1995, n. 81, grifo do original)

Esse anúncio, portanto, traz como consequência a valorização da dignidade da vida humana, a rejeição do aborto e da eutanásia, a necessidade de amparar as vidas frágeis e necessitadas. O amor deve ser entendido como doação (também na sexualidade e na procriação) e o sofrimento adquire sentido orientado ao mistério da salvação.

Para o êxito desse anúncio, o papa propôs como necessária a constante formação a respeito dos fundamentos da antropologia cristã e exortou especialmente os bispos, as faculdades e demais instituições de ensino católicas, bem como os teólogos e sacerdotes, para que se empenhassem na divulgação fiel do "evangelho da vida".

Outra forma de promover uma cultura da vida é pelo olhar contemplativo, cultivando uma constante veneração pelo dom da vida nos ritos da Igreja e na oração pessoal, rendendo ação de graças a Deus por esse dom precioso. Esse elemento se expressa também de forma especial na vivência ativa dos sacramentos da Igreja que nos comunicam a graça divina.

> João Paulo II também apontou a importância dos gestos e das tradições das diferentes culturas nas formas de celebrar um novo nascimento, de confortar os sofrimentos ou de honrar os falecidos como formas importantes de recordar a beleza e a preciosidade da vida

> humana. Destacamos aqui a sensibilidade de Wojtyła, cuja formação teatral e literária, bem como sua veneração pela liturgia, o ensinaram a ver a importância dos símbolos, dos ritos e dos gestos para a expressão dos ideais, desejos e sentimentos do ser humano. Essa sensibilidade moveu o papa a pedir, por meio da encíclica que estamos a analisar, a celebração em todos os países de um "Dia em defesa da vida".

Por fim, o anúncio do evangelho da vida, para que seja coerente, necessita também se manifestar nas ações cotidianas do cristão, de forma que ele seja um dom para aqueles com quem convive. Nesse ponto, o papa recordou os atos de heroísmo e sacrifício, especialmente o das mães que criam os filhos em meio a diversas dificuldades.

Relembrando a importância das instituições de caridade na história da Igreja e da sociedade civil, João Paulo II propôs iniciativas concretas para a defesa da vida (sendo algumas já existentes naquele tempo, mas reforçadas pelo pontífice):

- Serviços de acompanhamento da vida nascente – em especial para as mães que se encontram privadas do apoio do pai da criança, para ajudá-la nas dificuldades inerentes à criação.
- Centros com métodos naturais de regulação de fertilidade – para ajudar na formação de um ideal de paternidade responsável em harmonia com a abertura à vida e à doação de si.
- Consultórios matrimoniais e familiares – para ajudar na promoção de uma antropologia e de uma sexualidade sadias, baseadas no amor e na doação.
- Centros de ajuda à vida e lares de acolhimento à vida – em apoio a gestantes em dificuldades para acolher uma nova vida.
- Instituições de apoio para dependentes químicos ou de álcool, doentes mentais, portadores de aids, pessoas sofrendo de invalidez.

- Instituições de apoio aos idosos e doentes terminais, com o apoio afetivo e material às famílias.

Aos profissionais de saúde e religiosos, o papa recordou a importância de enxergarem seu ofício como um serviço ao ser humano, tendo papel especial de defenderem a vida dos atentados que, contra ela, muitas vezes se propõem dentro de certas correntes médicas. Nesse ponto, recorda-se novamente o recurso à "objeção de consciência".

Reiterando a importância de que a promoção e a defesa da vida sejam feitas por meio dos diferentes âmbitos da sociedade, a encíclica ressalta o dever dos homens de vida pública em atuar em favor de leis que promovam a vida e protejam a instituição familiar. Nesse sentido, exorta-se que o problema demográfico seja resolvido pela via de favorecer uma maior distribuição dos recursos materiais.

Com relação à responsabilidade das famílias, o papa declarou:

> A família tem a ver com os seus membros durante toda a existência de cada um, desde o nascimento até a morte. Ela é verdadeiramente *"o santuário da vida* (...), o lugar onde a vida, dom de Deus, pode ser convenientemente acolhida e protegida contra os múltiplos ataques a que está exposta, e pode desenvolver-se segundo as exigências de um crescimento humano autêntico". Por isso, o papel da família é *determinante e insubstituível na construção* da cultura da vida.
>
> Como *igreja doméstica*, a família é chamada a anunciar, celebrar e servir o *Evangelho da vida*. Esta tríplice função compete primariamente aos cônjuges, chamados a serem transmissores da vida, apoiados numa *consciência* sempre renovada *do sentido da geração*, enquanto acontecimento onde, de modo privilegiado, se manifesta que *a vida humana é um dom recebido a fim de, por sua vez, ser dado*. Na geração de uma nova vida, eles tomam consciência de que o filho "se é fruto da recíproca doação de amor dos

pais, é, por sua vez, um dom para ambos: um dom que promana do dom". (João Paulo II, 1995, n. 92, grifo do original)

No sentido prático, a ação da família se manifesta na educação dos filhos, no cultivo da vida de oração diária, na solidariedade (adoção, por exemplo), na participação social e política, no respeito e no carinho para com os idosos.

Para a construção de uma autêntica cultura da vida, o papa considerou importante uma transformação da própria mentalidade, transformação que deve começar pelas comunidades cristãs:

> Tem-se de começar por *renovar a cultura da vida no seio das próprias comunidades cristãs*. Muitas vezes os crentes, mesmo até os que participam ativamente na vida eclesial, caem numa espécie de dissociação entre a fé cristã e as suas exigências éticas a propósito da vida, chegando assim ao subjetivismo moral e a certos comportamentos inaceitáveis. Devemos, pois, interrogar-nos, com grande lucidez e coragem, acerca da cultura da vida que reina hoje entre os indivíduos cristãos, as famílias, os grupos e as comunidades das nossas Dioceses. Com igual clareza e decisão, teremos de individuar os passos que somos chamados a dar para servir a vida na plenitude da sua verdade. Ao mesmo tempo, devemos promover um confronto sério e profundo com todos, inclusive com os não crentes, sobre os problemas fundamentais da vida humana, tanto nos lugares da elaboração do pensamento, como nos diversos âmbitos profissionais e nas situações onde se desenrola diariamente a existência de cada um. (João Paulo II, 1995, n. 95, grifo do original)

Essa viragem cultural manifesta-se, de forma prática, nos seguintes aspectos:

- formação da consciência moral;
- compreensão da relação entre vida e liberdade;
- compreensão da relação entre liberdade e verdade;

- reconhecimento da dependência do homem em relação a Deus;
- formação da sexualidade e do amor para a virtude da castidade;
- formação da paternidade responsável;
- compreensão do sentido e do valor do sofrimento e da morte.

Esses passos se resumem na ideia de privilegiar o ser sobre o ter, a pessoa sobre as coisas: passar de uma lógica de uso para uma lógica de doação. Nesse processo, recebem missão importante também os intelectuais, centros de bioética (como, por exemplo, a Pontifícia Academia pela Vida), os profissionais de *mass-media* e as mulheres.

No caso das mulheres, o papa as conclamou a formarem um "novo feminismo":

> Nessa viragem cultural a favor da vida, *as mulheres* têm um espaço de pensamento e ação singular e talvez determinante: compete a elas fazerem-se promotoras de um "novo feminismo" que, sem cair na tentação de seguir modelos "masculinizados", saiba reconhecer e exprimir o verdadeiro gênio feminino em todas as manifestações da convivência civil, trabalhando pela superação de toda a forma de discriminação, violência e exploração. (João Paulo II, 1995, n. 99, grifo do original)

É possível vermos nessas considerações uma alusão ao rumo tomado por alguns movimentos feministas, especialmente desde a década de 1960, em favor de teses promotoras do aborto ou da sexualidade desenfreada e da contracepção como "direitos", fato que se concretizou na já mencionada Conferência do Cairo, ocorrida em 1994. Assim, o papa entendeu que esse "novo feminismo" deveria pautar-se pela defesa da vida humana contra sua exploração.

João Paulo II também se dirigiu de forma especial às mulheres que cometeram o aborto, exortando-as ao arrependimento (frisando a acolhedora misericórdia de Deus) e aos cristãos em geral, convidando-os à necessidade da oração e do jejum para o êxito da cultura da vida.

Recordando que a defesa da vida, por ser acessível à razão, é dever de todo ser humano, o papa ressaltou que, aos cristãos, essa defesa se impõe de maneira mais intensa. A Igreja, ao promover uma cultura da vida, contribui, no olhar do papa, para a realização de uma ordem política e social mais humana e para a consecução da paz, já que toda ameaça à vida constitui ameaça à paz na sociedade.

A conclusão da encíclica recorda o mistério da encarnação e nascimento de Jesus Cristo segundo a carne e da maternidade de Maria, que acolheu em seu útero o Salvador. Essa maternidade estende-se a todos os homens, tornados irmãos em Cristo.

Interpretando o capítulo 12 do livro do Apocalipse, o pontífice aponta que Maria participou do sofrimento de Cristo e prefigurou a Igreja, que também toma parte nos sofrimentos de Cristo e deve ainda enfrentar o dragão vermelho, que quer devorar o Filho da Mulher. Esse desejo do dragão mostra o lado satânico da cultura da morte, manifestada no Faraó do Êxodo, em Herodes e em todas as ameaças à vida humana.

Também como Maria, contudo, a Igreja é chamada à vida em plenitude, vencendo o dragão e a morte.

1.5 Repercussão e recepção da Evangelium Vitae

Em setembro de 1995, foi realizada, em Pequim, com coordenação também da ONU, uma conferência sobre os direitos da mulher. Esse evento retomou as medidas preconizadas no Cairo no ano anterior e introduziu também a terminologia "gênero" em substituição à palavra "sexo" (CNBB-Sul 1, 2010; Roccella; Scaraffia, 2014). A Santa Sé também apresentou reservas com relação a vários pontos aprovados nessa conferência.

> Os organismos internacionais continuaram suas investidas pela ampliação do aborto, da contracepção e da eutanásia. Por outro lado, ficou evidente o testemunho pessoal de João Paulo II com relação aos princípios defendidos na *Evangelium Vitae* quando, na passagem para o terceiro milênio, suportou com heroísmo os diversos sofrimentos decorrentes do enfraquecimento progressivo de sua saúde. A imagem do papa idoso e já com o corpo deformado, com voz débil a dirigir-se ao mundo, condenando as ameaças à vida humana, foi um exemplo comovente do valor e da dignidade do sofrimento de uma vida em seu ocaso.

É verdade que, no último ano de sua existência – 10 anos após a redação da referida encíclica –, João Paulo II presenciou, por meio da imprensa internacional, o caso de eutanásia de Terry Schiavo, nos EUA (Vêneto, 2017). É igualmente verdade que, mesmo após a morte do pontífice, a escalada em favor da cultura da morte cresceu em ambientes intelectuais, culturais e políticos: o aborto e a eutanásia foram legalizados em vários países ocidentais ao longo das décadas de 2000 e 2010 e os métodos contraceptivos foram amplamente difundidos de várias formas.

Entretanto, a Igreja acolheu os apelos do papa polonês, e também muitos grupos ligados a outras denominações cristãs ou outras religiões se engajaram em projetos de defesa da vida. As diferentes iniciativas apontadas pelo papa na *Evangelium Vitae* foram desenvolvidas em vários países: casas pró-vida, instituições de caridade, grupos de formação conjugal e familiar etc. Entre os jovens na Igreja, vemos também crescer o interesse em aprender mais sobre o exercício cristão da sexualidade e da vida familiar.

Síntese

Neste primeiro capítulo, abordamos a encíclica *Evangelium Vitae*, de 1995. Mostramos um pouco da biografia do Papa João Paulo II, observando a influência do neotomismo, da nova teologia, da filosofia personalista e da teologia de São João da Cruz em seu pensamento. Também verificamos os principais acontecimentos e as preocupações do pontificado do papa polonês, voltado para a defesa da liberdade religiosa, da dignidade da vida humana e dos diálogos ecumênico e inter-religioso.

A encíclica *Evangelium Vitae* foi publicada um ano após a Conferência do Cairo, na qual a agenda antinatalista e ideias em favor do aborto e da contracepção ganharam espaço dentro de instituições ligadas à ONU. O texto da encíclica não só repetiu as condenações já feitas pela Igreja contra o aborto, os métodos contraceptivos e a eutanásia como ainda desenvolveu uma fundamentação filosófica e teológica para justificar a especial dignidade do ser humano e de sua vida. O documento também identificou as principais ameaças à vida humana às vésperas do terceiro milênio, propondo ações concretas dos cristãos para combaterem a "cultura da morte" com uma "cultura da vida". Além disso, vimos que, apesar do crescimento da "cultura da morte" nos anos 2000 e 2010, houve também nesse período uma expansão de ações da Igreja na promoção e na defesa da vida humana.

Atividades de autoavaliação

1. Sobre a formação de Karol Wojtyła assinale a alternativa correta:
   a) Wojtyła se doutorou em Filologia Polaca antes de ingressar no seminário.
   b) Wojtyła serviu no exército alemão durante a Segunda Guerra Mundial.

c) Antes de ser ordenado bispo, Wojtyła lecionou no ensino universitário.
d) Por influência do neotomismo, Wojtyła rejeitou a filosofia personalista.
e) Wojtyła via na teologia da cruz a antítese da história da Polônia.

2. Sobre o pontificado de João Paulo II, marque a alternativa correta:
a) Apesar de sua longa duração, foi um pontificado de poucas realizações significativas.
b) Foi um pontificado marcado pelo triunfo do comunismo no Leste Europeu, apesar da oposição do papa.
c) Foi um pontificado marcado pelo crescimento da teologia da libertação entre os membros da Cúria Romana.
d) Foi um pontificado marcado pela defesa da dignidade da vida humana, pelo ecumenismo e pelo diálogo inter-religioso.
e) Foi um pontificado marcado pela aproximação de perspectivas entre a Santa Sé e a ONU acerca dos direitos sexuais e reprodutivos.

3. Com relação ao contexto de produção da encíclica *Evangelium Vitae*, indique a alternativa correta:
a) Os anos 1990 foram o início da chamada *revolução sexual* nos países ocidentais.
b) Os anos 1990 foram marcados pelo apoio de fundações internacionais à atuação pró-vida da Igreja Católica.
c) Os anos 1990 foram marcados pela ampla utilização da clonagem de embriões humanos.
d) Os anos 1990 foram marcados por uma estagnação das políticas antinatalistas e contraceptivas.
e) Os anos 1990 foram marcados pela adesão de parte da ONU à defesa da legalização do aborto.

4. Sobre o texto da encíclica *Evangelium Vitae*, podemos afirmar que:
   a) Condena o aborto, a eutanásia e a contracepção com base em uma concepção personalista.
   b) Condena o aborto e a contracepção, mas admite a eutanásia em alguns casos.
   c) Ignora o papel das "estruturas de pecado" na fomentação da "cultura da morte".
   d) Aponta as causas da "cultura da morte" sem propor soluções para a defesa prática da vida humana.
   e) Aponta diretrizes para o desenvolvimento de uma "cultura da vida", mas não identifica as causas da "cultura da morte".

5. Sobre a recepção e a repercussão da encíclica *Evangelium Vitae*, podemos afirmar que:
   a) Foi amplamente rejeitada pelos bispos da Igreja Católica.
   b) Incentivou a formação de instituições pró-vida em várias instâncias da Igreja Católica.
   c) Foi ignorada pelo laicato católico.
   d) Não se refletiu no exemplo pessoal de João Paulo II.
   e) Foi amplamente aceita pela ONU.

Atividades de aprendizagem

Questões para reflexão

1. Releia os números 3 e 4 da *Evangelium Vitae* (João Paulo II, 1995) e responda: Quais das ameaças à vida humana apontadas pelo papa João Paulo II são mais presentes na sua realidade?

2. Com base na leitura dos itens 10 a 24 da *Evangelium Vitae* (João Paulo II, 1995), responda: O que leva à presente contradição das sociedades democráticas entre a utilização da retórica dos direitos

humanos e a permissão de políticas e leis que atentam contra a vida humana?

Atividades aplicadas: prática

1. Faça uma pesquisa sobre a existência de instituições, apostolados ou iniciativas pró-vida em sua diocese e avalie brevemente os resultados obtidos por elas.

2. Com base na leitura do capítulo IV da *Evangelium Vitae*, proponha uma iniciativa pró-vida concreta para o âmbito local de sua paróquia.

2
A encíclica Deus Caritas Est

A encíclica *Deus Caritas Est*, publicada no Natal de 2005, foi o primeiro documento dessa natureza redigido pelo Papa Bento XVI, que iniciara seu ministério petrino naquele mesmo ano. Essa encíclica mostra a importância que o tema do *amor* exerce no pensamento e no pontificado desse papa, cuja teologia se centrou na ideia do cristianismo como um encontro pessoal com Cristo.

Tal pensamento ajuda a desfazer algumas noções preconcebidas sobre o pontífice, que ficara famoso por ter exercido o cargo de prefeito da Congregação para a Doutrina da Fé, tendo censurado e corrigido alguns autores de filosofia e de teologia do meio eclesiástico.

2.1 Formação de Joseph Ratzinger

Joseph Aloisius Ratzinger nasceu em 16 de abril 1927, na cidade alemã de Marktl am Inn. Filho de Joseph Ratzinger (1877-1959), comissário de polícia, e Maria Peintner Ratzinger (1884-1963), cozinheira e filha de padeiros. Ambos os genitores eram de origem modesta. O pequeno Joseph era o mais novo dos três filhos: Maria nascera em 1921 e Georg, em 1924. Durante grande parte da infância e da adolescência, a família Ratzinger residiu em Traunstein, próxima à fronteira austríaca. Lá, por influência do irmão – que era coroinha –, Joseph começou a despertar já na infância o gosto pela liturgia e a vocação sacerdotal. A formação do jovem Ratzinger foi de caráter humanista, com forte ênfase nas letras clássicas, especialmente na língua latina (Alves, 2008; Alves; Refkalefsky, 2007; Brito, 2012; Ratzinger, 2012).

A época da infância de Joseph Ratzinger foi particularmente difícil para a Alemanha. Enquanto se recuperava das pesadas indenizações de guerra impostas pelos países vencedores da Primeira Guerra Mundial (1914-1918), fixadas pelo Tratado de Versailles (1919), a nação germânica entrou novamente em complicações econômicas depois da Quebra da Bolsa de Nova Iorque, no ano de 1929. Como a Alemanha havia emprestado dinheiro dos EUA para custear sua reconstrução, a ruína da bolsa de valores norte-americana afetou drasticamente a economia alemã (Hobsbawm, 1995).

Com o clima de incerteza e instabilidade decorrente da crise, cresceram os movimentos políticos radicais. Entre eles, destacou-se o Partido Nacional-Socialista dos Trabalhadores Alemães, mais conhecido como Partido Nazista. Chefiado pelo ex-combatente da Primeira Guerra Mundial, Adolf Hitler, esse partido havia tentado um fracassado golpe de estado na Baviera em 1923. No novo cenário de crise, os nazistas modificaram sua estratégia, buscando galgar degraus de poder pela via eleitoral. Em 1933, Hitler foi nomeado chanceler (chefe de governo) pelo presidente da república (chefe de estado), general Paul von Hindenburg (Hobsbawm, 1995).

No mesmo ano em que assumiu a chefia do governo, Hitler buscou firmar uma concordata entre o reich (Estado) alemão e a Santa Sé. Esse acordo, que garantia a liberdade de atuação da Igreja e sua presença em instituições de ensino, foi frequentemente violado pelo governo nazista (situação denunciada pelo Papa Pio XI, em 1937)[1]. Em 1935, o governo também impôs suas políticas raciais com as famigeradas Leis de Nuremberg, que restringiam o convívio entre alemães e judeus (Diehl, 2018; Hobsbawm, 1995).

Joseph Ratzinger entrou no seminário menor de Traunstein (juntamente com seu irmão Georg) em 1939, um ano depois que o governo nazista fechou a Faculdade Teológica de Munique, ante a recusa dessa instituição em nomear um simpatizante do nazismo para lecionar Direito Canônico. Foi também em 1939 que o governo alemão instituiu o programa Aktion T-4, de extermínio de doentes mentais, que vitimou um primo de Ratzinger, em 1941, no último ano de vigência daquele programa[2] (Alves; Refkalefsky, 2007; Goldim, 1998).

Em 1941, os irmãos Ratzinger foram obrigados por um tempo a se incorporarem à Juventude Hitlerista. Em 1943, Joseph foi enviado ao serviço militar com seus colegas de seminário. O jovem seminarista serviu na bateria antiaérea e na infantaria. Foi capturado pelos Aliados após um retorno à casa, tendo depois permanecido como prisioneiro de guerra dos norte-americanos até 1945. Com o fim da

---

[1] Sobre o problema das concordatas da Santa Sé com regimes autoritários do século XX, vide Diehl (2018).

[2] O programa foi encerrado em agosto, após pressões decorrentes de um sermão pregado pelo bispo de Münster (Goldim, 1998).

guerra, os irmãos Ratzinger puderam retornar aos estudos do seminário (Alves; Refkalefsky, 2007; Ratzinger, 2012).

No seminário, o futuro papa teve contato com obras clássicas da literatura ocidental, de autores da filosofia personalista e de importantes pensadores cristãos do século XX, como Romano Guardini e Joseph Piper. No campo propriamente teológico, o jovem alemão mostrou predileção pelo pensamento de Santo Agostinho de Hipona em relação ao de Santo Tomás de Aquino, o qual, àquela época, era ensinado segundo os ditames do neotomismo do século XIX.

Joseph Ratzinger concluiu seus estudos de filosofia e iniciou os estudos de teologia na Universidade de Munique, em 1947. Lá teve contato com a teologia liberal (por intermédio do professor e exegeta Friedrich Wilhelm Maier) e com as ideias do movimento litúrgico e do reavivamento da patrística (por intermédio do professor Michel Schmaus). As aulas em Munique também aproximaram o seminarista alemão do interesse pela dogmática (Alves; Refkalefsky, 2007).

No outono de 1950, os irmãos Ratzinger receberam a ordem do diaconato e, no dia 29 de junho de 1951, foram ordenados presbíteros. Em 1953, Joseph concluiu seu doutorado em Teologia, com uma tese sobre a eclesiologia de Santo Agostinho. Apresentou, no ano de 1957, uma dissertação sobre a teologia da história em São Boaventura, para habilitação em docência universitária[3] (Alves, 2008; Brito, 2012; Ratzinger, 2012). O padre Joseph Ratzinger exerceu uma extensa carreira como professor universitário:

> Exerceu a docência em diversas universidades: entre 1959 e 1963, em Bona, a docência de Teologia Fundamental; de 1963 a 1966, em Munique foi professor de Dogmática; de 1966 a 1969 em

---

[3] Tal como no caso da carreira de Karol Wojtyła, naquele tempo o doutorado e a habilitação para lecionar em universidades eram procedimentos distintos. Isso ocorre também porque em grande parte do modelo universitário europeu há uma maior diferenciação entre os cargos de docência e pesquisa, diferentemente do modelo brasileiro, em que essas duas linhas de atuação encontram-se geralmente unidas sob um mesmo cargo.

Tubinga, lecionou Cristologia e foi colega de Hans Küng; em 1969, na Universidade de Ratisbona, passou a ser catedrático de dogmática e história do dogma, tendo ocupado também o cargo de Vice-Reitor da mesma Universidade. (Brito, 2012, p. 8-9)

Naturalmente, a carreira acadêmica de Ratzinger não ficou restrita somente à sala de aula. Participou como perito no Concílio Vaticano II e também auxiliou na criação de revistas acadêmicas de teologia. Nessa empreitada, associou-se com nomes da *nouvelle theologie*, como Hans Urs von Balthasar e Henri de Lubac (Alves, 2008; Alves; Refkalefsky, 2007; Brito, 2012).

Joseph Ratzinger foi nomeado arcebispo de Munique e Frisinga pelo Papa Paulo VI, em 1977, tendo recebido a sagração episcopal em 28 de maio daquele ano. No mês de junho, Paulo VI tornou-o cardeal. Nessa condição, tomou parte nos conclaves de 25-26 de agosto de 1978 (que elegeu João Paulo I) e de outubro do mesmo ano (que elegeu João Paulo II). Ainda como cardeal, Ratzinger exerceu funções de destaque sob o pontificado de João Paulo II: foi nomeado prefeito da Congregação para a Doutrina da Fé e presidente das comissões bíblica e teológica internacional no ano de 1981, o que o obrigou a renunciar ao pastoreio de sua arquidiocese no ano seguinte, para se dedicar às novas e exigentes funções na Cúria Romana (Alves, 2008; Brito, 2012; L'Osservatore Romano, 2005).

> Como prefeito da Congregação para a Doutrina da Fé, Joseph ficou conhecido pelas críticas que fez a alguns aspectos da teologia da libertação que se afastavam do dogma católico (especialmente as tendências marxistas). A função ocupada pelo cardeal, responsável por zelar pela integridade da doutrina da Igreja, acabou lhe valendo uma fama de intolerância, o que não corresponde à sua produção acadêmica, marcada por franco diálogo com diferentes correntes de pensamento.

Joseph Ratzinger cresceu em destaque nos anos finais do pontificado de João Paulo II. Em 2000, ele foi eleito decano do Colégio dos Cardeais. Com a morte de João Paulo II, em 2005, o cardeal alemão foi eleito Sumo Pontífice, no dia 19 de abril de 2005 (Alves, 2008; Brito, 2012; L'Osservatore Romano, 2005).

2.2 O pontificado de Bento XVI

O cardeal alemão, ao ser eleito, tomou o nome de Bento XVI, em alusão a São Bento de Núrsia, patrono da Europa. Já em seus primeiros discursos, o novo papa apresentava a preocupação em colocar em prática o Concílio Vaticano II, em continuidade com a Tradição da Igreja. Também nutria uma preocupação especial com a unidade da Igreja (Alves, 2008; Brito, 2012; Portugal, 2013).

Logo no primeiro ano de seu pontificado, Bento XVI deu início ao processo de beatificação de seu antecessor polonês. Naquele mesmo ano lançou o compêndio do Catecismo da Igreja Católica (Libreria Editrice Vaticana, 2005). Foi também em 2005 que o papa modificou o procedimento do Sínodo dos Bispos, permitindo maior liberdade de pronunciamento aos participantes (o que, a nosso ver, também mostra uma faceta do papa alemão contrária à imagem dele veiculada por parte da mídia). No Natal, publicou sua primeira encíclica, *Deus Caritas Est* (Portugal, 2013).

Podemos destacar, em maio de 2007, a viagem feita por Bento XVI ao Brasil, ocasião na qual presidiu a cerimônia de canonização do Frei Galvão. Em julho do mesmo ano, promulgou também o *motu proprio Summorum Pontificum*, ampliando o direito dos fiéis e dos clérigos à forma extraordinária (anterior à reforma de Paulo VI) da liturgia romana. Em novembro, Bento XVI publicou sua segunda encíclica, *Spe Salvi* (Portugal, 2013).

Em 2008, o papa proclamou o Ano Paulino (28 de junho de 2008 a 29 de junho de 2009) para celebrar os 2 mil anos do nascimento de São Paulo Apóstolo. Durante esse período, dedicou suas tradicionais catequeses de quartas-feiras para falar da obra paulina (Portugal, 2013).

Um gesto de aproximação com os grupos tradicionalistas ligados à Fraternidade Sacerdotal São Pio X (FSSPX) foi feito por Bento XVI em janeiro de 2009, quando revogou a excomunhão aos quatro bispos ordenados por Marcel Lefebvre em 1988. Em abril, o papa visitou a Terra Santa. Proclamou também o Ano Sacerdotal (19 de junho de 2009 a 19 de junho de 2010), destinado a promover uma reflexão sobre o sacerdócio ministerial e sua importância dentro da Igreja. Com a constituição apostólica *Anglicanorum Coetibus*, de 9 de novembro, o pontífice instituiu novas regras com vistas a facilitar a incorporação de setores da Igreja Anglicana à plena comunhão com a Igreja Católica (Portugal, 2013).

Os escândalos de pedofilia cometidos por membros do clero católico da Irlanda ocuparam as preocupações de Bento XVI no início do ano de 2010. Foi também nesse ano que ele instituiu um órgão para ampliar a transparência financeira do Vaticano. Em 16 de maio de 2011, o papa escreveu aos bispos de todo o mundo, orientando-lhes sobre como proceder com os casos de pedofilia dentro do clero (Portugal, 2013).

Em 11 de outubro de 2012, Bento XVI abriu o Ano da Fé (11 de outubro de 2012 a 24 de novembro de 2013), destinado a celebrar os 50 anos do Concílio Vaticano II e a refletir sobre a importância de seus documentos. Foi também em 2012 que o pontificado de Bento XVI foi perturbado pelo vazamento de documentos apelidados de "Vatileaks", que implicaram o mordomo do papa, Paolo Gabriele. Em outubro, proclamou dois novos Doutores da Igreja (acrescentados à tradicional lista de 33): João de Ávila e Hildegard von Bingen. Inaugurou, em dezembro, uma conta no Twitter, ampliando a interação do papado com os novos meios de comunicação. No mesmo mês, concedeu liberdade ao seu antigo mordomo (Portugal, 2013).

No dia 11 de fevereiro de 2013, Bento XVI anunciou, em um consistório de cardeais, que pretendia renunciar ao Sólio Pontifício. A renúncia foi apresentada no dia 28 de fevereiro desse ano. Após renunciar, o papa emérito passou a viver em um mosteiro dentro do território vaticano, dedicando-se a uma vida de oração.

2.3 Contexto de produção da Deus Caritas Est

Do ponto de vista factual, podemos considerar que o contexto histórico de inícios do pontificado de Bento XVI não era muito diferente do que ocorrera no final do pontificado de João Paulo II. Os acontecimentos internacionais mais destacados nos meios de comunicação, no ano de 2005, diziam respeito às intervenções militares levadas a cabo pelos Estados Unidos e países membros da Organização do Tratado do Atlântico Norte (Otan) no Afeganistão (com a invasão iniciada em 2001, em represália aos atentados terroristas de 11 de setembro) e no Iraque (invasão iniciada em 2003).

Os problemas em torno da expansão da "cultura da morte", denunciada pelo Papa João Paulo II, continuavam seu fluxo enquanto Bento XVI iniciava seu pontificado. Por outro lado, setores da imprensa e do meio intelectual acusavam a postura da Igreja contra o aborto, a eutanásia e a contracepção como um moralismo depreciativo (Silva, 2009).

Em sentido sociológico, a Igreja enfrentava um decréscimo no número de fiéis na América Latina (com o crescimento das igrejas neopentecostais, especialmente) e na Europa (com o avanço da secularização). O panorama religioso da virada do milênio estava em profunda transformação (Azevedo, 2003). Tal quadro se encontrava agravado pelos escândalos de pedofilia dentro do clero, problema que o papa alemão buscou combater, instituindo medidas mais rígidas para esses crimes. Na visão de Bento XVI, a crise enfrentada pela Igreja tinha também outro motivo interno: o esvaziamento do sentido de sagrado e do ensinamento oficial da Igreja causado por uma "hermenêutica de ruptura", a qual interpretava o Concílio Vaticano II como uma ruptura total com a Igreja do período anterior (Dias, 2009).

Bastante ambientado às discussões acadêmicas, Bento XVI percebia a crise de valores e a confusão na qual se encontrava o ser humano de seu tempo. Nesse contexto, Bento XVI via Cristo como resposta às angústias e aos questionamentos do homem contemporâneo (Assunção, 2016; Gallian, 2011; Kuzma, 2010; Silva, 2009). Poderíamos ainda conjecturar um elemento mais pessoal: os fiéis católicos se perguntavam qual seria o direcionamento de Bento XVI na Sé Apostólica em relação à linha tomada por seu carismático e popular antecessor, diferente do caráter tímido do papa alemão (Catholic Australia, 2020; Zeracristos, 2006). Nesse sentido, os pronunciamentos do papa buscavam apontar para uma visão mais intimista e menos formalista do relacionamento do ser humano com Deus.

É sintomático que a primeira encíclica do outrora cardeal de fama rígida versasse justamente sobre um dos aspectos mais atrativos da mensagem cristã: o amor e sua dimensão na relação entre Deus e o homem.

2.4 Análise da Deus Caritas Est

A encíclica *Deus Caritas Est* foi publicada em 25 de dezembro de 2005. É possível que os episódios de violência do início da década de 2000 (muitos deles justificados com discursos religiosos) tenham sido um dos motivadores para o papa iniciar seu pontificado falando do amor, conforme ele mesmo se expressa no início da encíclica:

> Num mundo em que ao nome de Deus se associa às vezes a vingança ou mesmo o dever do ódio e da violência, esta é uma mensagem de grande actualidade e de significado muito concreto. Por isso, na minha primeira Encíclica, desejo falar do amor com que Deus nos cumula e que deve ser comunicado aos outros por nós. (Bento XVI, 2005, n. 1)

Os primeiros parágrafos da encíclica já expõem a ideia, influenciada pelos textos joaninos que identificam Deus ao amor, de que o cristianismo é uma relação com uma pessoa:

> *Nós cremos no amor de Deus* – deste modo pode o cristão exprimir a opção fundamental da sua vida. Ao início do ser cristão, não há uma decisão ética ou uma grande ideia, mas o encontro com um acontecimento, com uma Pessoa que dá à vida um novo horizonte e, desta forma, o rumo decisivo. No seu Evangelho, João tinha expressado este acontecimento com as palavras seguintes: "Deus amou de tal modo o mundo que lhe deu o seu Filho único para que todo o que n'Ele crer [...] tenha a vida eterna" (3, 16). Com a centralidade do amor, a fé cristã acolheu o núcleo da fé de Israel e, ao mesmo tempo, deu a este núcleo uma nova profundidade e amplitude. O crente israelita, de fato, reza todos os dias com as palavras do *Livro do Deuteronômio*, nas quais sabe que está contido o centro da sua existência: "Escuta, ó Israel! O Senhor, nosso Deus, é o único Senhor! Amarás ao Senhor, teu Deus, com todo o teu coração, com toda a tua alma e com todas as tuas forças" (6,4-5). Jesus

uniu – fazendo deles um único preceito – o mandamento do amor a Deus com o do amor ao próximo, contido no *Livro do Levítico*: "Amarás o teu próximo como a ti mesmo" (19,18; cf. Mc 12,29-31). Dado que Deus foi o primeiro a amar-nos (cf. 1 Jo 4,10), agora o amor já não é apenas um "mandamento", mas é a resposta ao dom do amor com que Deus vem ao nosso encontro. (Bento XVI, 2005, n. 1, grifo do original)

A noção de que o cristianismo não é uma série de doutrinas ou preceitos morais, mas o encontro e uma relação íntima com a Pessoa de Jesus Cristo, é um tema caro ao pensamento ratzingeriano (Koller, 2017; Rowland, 2013; Silva, 2009). No caso da encíclica que estamos analisando, o cerne dessa relação é o **amor**. Para isso, o papa divide o texto em duas partes: 1) uma reflexão teórica sobre o amor; 2) uma reflexão sobre a dimensão prática do amor.

Fiel ao modo de reflexão acadêmica, Bento XVI inicia a primeira parte da sua encíclica apontando para um problema de linguagem: os diferentes usos da palavra *amor* nas línguas modernas, o que poderia gerar um problema de entendimento da mensagem que o papa deseja veicular. Para tanto, o autor da encíclica se serve do aparato da antiga língua grega, com vocábulos mais específicos para diferentes denotações da palavra que, nas línguas modernas, traduzimos com o termo *amor*:

> Ao amor entre homem e mulher, que não nasce da inteligência e da vontade mas de certa forma impõe-se ao ser humano, a Grécia antiga deu o nome de *eros*. Diga-se desde já que o Antigo Testamento grego usa só duas vezes a palavra *eros*, enquanto o Novo Testamento nunca a usa: das três palavras gregas relacionadas com o amor – *eros*, *philia* (amor de amizade) e *agape* – os escritos neo-testamentários privilegiam a última, que, na linguagem grega, era quase posta de lado. Quanto ao amor de amizade (*philia*), este é retomado com um significado mais profundo no *Evangelho de João* para exprimir a relação entre Jesus e os seus discípulos.

> A marginalização da palavra *eros*, juntamente com a nova visão do amor que se exprime através da palavra *agape*, denota sem dúvida, na novidade do cristianismo, algo de essencial e próprio relativamente à compreensão do amor. (Bento XVI, 2005, n. 3)

Conforme apontou o papa, os textos do Novo Testamento utilizam mais o termo ágape para se referir ao amor. Por este motivo, nos pontos 4 e 5, a encíclica busca rebater a acusação do filósofo alemão Friedrich Nietzsche de que o Cristianismo teria destruído o eros, negando assim a beleza da vida e gerando uma série de proibições. Para rebater esse argumento, Bento XVI explica que a concepção do eros entre os gregos (e entre os povos antigos pagãos) geralmente estava associada a um certo impulso inebriante, que arrancava o sujeito da razão e o transportava para uma comunhão com a divindade. Essa visão do eros como impulsivo estava associada também aos cultos de fertilidade e à "prostituição sagrada".

O papa criticou essa concepção antiga por julgar que ela transforma a pessoa em mero objeto:

> A esta forma de religião, que contrasta como uma fortíssima tentação com a fé no único Deus, o Antigo Testamento opôs-se com a maior firmeza, combatendo-a como perversão da religiosidade. Ao fazê-lo, porém, não rejeitou de modo algum o *eros* enquanto tal, mas declarou guerra à sua subversão devastadora, porque a falsa divinização do *eros*, como aí se verifica, priva-o da sua dignidade, desumaniza-o. De fato, no templo, as prostitutas, que devem dar o inebriamento do Divino, não são tratadas como seres humanos e pessoas, mas servem apenas como instrumentos para suscitar a "loucura divina": na realidade, não são deusas, mas pessoas humanas de quem se abusa. Por isso, o *eros* inebriante e descontrolado não é subida, "êxtase" até ao Divino, mas queda, degradação do homem. Fica assim claro que o *eros* necessita de disciplina, de purificação para dar ao homem, não o prazer de um instante, mas

uma certa amostra do vértice da existência, daquela beatitude para que tende todo o nosso ser. (Bento XVI, 2005, n. 4)

Portanto, o Antigo Testamento rejeitava não o eros como um todo, mas a sua falsa divinização que objetificava o ser humano. Embora reconheça que exista ligação entre o amor (inclusive o eros) e o âmbito divino, o papa alemão entende que essa relação não deve ser buscada com base no instinto, mas na dimensão da pessoa humana em sua totalidade. A chave para se atingir o eros autêntico seria, portanto, quando o ser humano se compreende como uma unidade em seu corpo e sua alma, não buscando dissociar esses dois elementos.

Com intuito de se afastar da negação da corporeidade e também de sua exacerbação, Bento XVI aponta que: "O *eros* degradado a puro 'sexo' torna-se mercadoria, torna-se simplesmente uma 'coisa' que se pode comprar e vender; antes, o próprio homem torna-se mercadoria" (Bento XVI, 2005, n. 5). Dessa forma, a Igreja propõe que o verdadeiro eros pode levar o ser humano até o Divino, transcendendo a si próprio, desde que haja renúncia, sacrifício e purificação.

Por meio da leitura do Cântico dos Cânticos, o papa assinalou que o texto hebraico delineava duas dimensões de amor: um amor de procura indeterminada e um amor de descoberta do outro.

> Concretamente, como se deve configurar este caminho de ascese e purificação? Como deve ser vivido o amor, para que se realize plenamente a sua promessa humana e divina? Uma primeira indicação importante, podemos encontrá-la no *Cântico dos Cânticos*, um dos livros do Antigo Testamento bem conhecido dos místicos. Segundo a interpretação hoje predominante, as poesias contidas neste livro são originalmente cânticos de amor, talvez previstos para uma festa israelita de núpcias, na qual deviam exaltar o amor conjugal. Neste contexto, é muito elucidativo o fato de, ao longo do livro, se encontrarem duas palavras distintas para designar o "amor". Primeiro, aparece a palavra "*dodim*", um plural que exprime o amor

ainda inseguro, numa situação de procura indeterminada. Depois, esta palavra é substituída por *"ahabà"*, que, na versão grega do Antigo Testamento, é traduzida pelo termo de som semelhante *"agape"*, que se tornou, como vimos, o termo característico para a concepção bíblica do amor. Em contraposição ao amor indeterminado e ainda em fase de procura, este vocábulo exprime a experiência do amor que agora se torna verdadeiramente descoberta do outro, superando assim o caráter egoísta que antes claramente prevalecia. Agora o amor torna-se cuidado do outro e pelo outro. Já não se busca a si próprio, não busca a imersão no inebriamento da felicidade; procura, ao invés, o bem do amado: torna-se renúncia, está disposto ao sacrifício, antes procura-o. (Bento XVI, 2005, n. 6)

Com base nessas considerações, o papa indicou que o amor em seu nível mais alto almeja algo que seja definitivo, que transpasse o transitório. Assim, o amor é dotado de exclusividade e direcionamento para a eternidade. O êxtase do amor não se encontra em uma dimensão egoísta, mas na doação de si para o outro, o que aproxima o ser humano de si mesmo e de Deus.

Considerando as discussões precedentes, a encíclica frisa que muitas reflexões filosóficas buscaram fazer uma dicotomia entre eros e ágape:

1. **Eros** – amor mundano – amor ascendente – amor possessivo (*amor concupiscentiae*).
2. **Ágape** – amor fundado sobre a fé – amor descendente – amor oblativo (*amor benevolentiae*).

Tal como sua antropologia, que vê uma unidade no ser humano (corpo e alma), a concepção de amor formulada por Bento XVI rejeita a separação radical entre eros e ágape: o papa entende que ambas as dimensões do amor são **complementares**.

> Na realidade, *eros* e *agape* – amor ascendente e amor descendente – nunca se deixam separar completamente um do outro. Quanto mais os dois encontrarem a justa unidade, embora em distintas dimensões, na única realidade do amor, tanto mais se realiza a verdadeira natureza do amor em geral. Embora o *eros* seja inicialmente sobretudo ambicioso, ascendente – fascinação pela grande promessa de felicidade – depois, à medida que se aproxima do outro, far-se-á cada vez menos perguntas sobre si próprio, procurará sempre mais a felicidade do outro, preocupar-se-á cada vez mais dele, doar-se-á e desejará "existir para" o outro. Assim se insere nele o momento da *agape*; caso contrário, o *eros* decai e perde mesmo a sua própria natureza. Por outro lado, o homem também não pode viver exclusivamente no amor oblativo, descendente. Não pode limitar-se sempre a dar, deve também receber. Quem quer dar amor, deve ele mesmo recebê-lo em dom. Certamente, o homem pode – como nos diz o Senhor – tornar-se uma fonte donde correm rios de água viva (cf. Jo 7,37-38); mas, para se tornar semelhante fonte, deve ele mesmo beber incessantemente da fonte primeira e originária que é Jesus Cristo, de cujo coração trespassado brota o amor de Deus (cf. Jo 19,34). (Bento XVI, 2005, n. 7)

Em síntese, poderíamos dizer que, na concepção ratzingeriana, o amor não é uma relação unilateral, mas uma relação em que duas pessoas se complementam. Para que isso aconteça, é necessária a presença das duas dimensões: o ágape (doação) e o eros (busca da felicidade).

No relato bíblico do Antigo Testamento foi se delineando a ideia de um único Deus pessoal, criador de todas as coisas por meio de Sua Palavra:

> Isto significa que esta sua criatura Lhe é querida, precisamente porque foi desejada por Ele mesmo, foi "feita" por Ele. E assim aparece agora o segundo elemento importante: este Deus ama o homem. A força divina que Aristóteles, no auge da filosofia grega, procurou individuar mediante a reflexão, é certamente para cada ser objeto do desejo e do amor – como realidade amada esta

divindade move o mundo –, mas ela mesma não necessita de nada e não ama, é somente amada. Ao contrário, o único Deus em que Israel crê, ama pessoalmente. Além disso, o seu amor é um amor de eleição: entre todos os povos, Ele escolhe Israel e ama-o – mas com a finalidade de curar, precisamente deste modo, a humanidade inteira. Ele ama, e este seu amor pode ser qualificado sem dúvida como *eros*, que no entanto é totalmente *agape* também. (Bento XVI, 2005, n. 9)

> O amor de Deus pelo ser humano é, portanto, simultaneamente eros e ágape. A dimensão do eros aparece no amor apaixonado de Deus por seu povo, que o Antigo Testamento alude com as metáforas do casamento (contrapondo-se à prostituição com os falsos deuses). O eros também aparece na relação do homem com Deus, que descobre a felicidade na verdade e na justiça divina. Por outro lado, o ágape se manifesta pelo fato de Deus amar gratuitamente seu povo e dar-lhe o Seu perdão. Essa dimensão de ágape do amor divino transparece plenamente no mistério da cruz de Cristo, em que Ele se oferece pela salvação dos homens.

Quando eros e ágape são restituídos à sua unidade, na relação entre o homem e Deus, esse amor gera uma unidade que, não obstante, não anula a identidade pessoal do ser humano nem de Deus:

> O aspecto filosófico e histórico-religioso saliente nesta visão da Bíblia é o fato de, por um lado, nos encontrarmos diante de uma imagem estritamente metafísica de Deus: Deus é absolutamente a fonte originária de todo o ser; mas este princípio criador de todas as coisas – o *Logos*, a razão primordial – é, ao mesmo tempo, um amante com toda a paixão de um verdadeiro amor. Deste modo, o *eros* é enobrecido ao máximo, mas simultaneamente tão purificado que se funde com a *agape*. Daqui podemos compreender por que a recepção do *Cântico dos Cânticos* no cânone da Sagrada

Escritura tenha sido bem cedo explicada no sentido de que aqueles cânticos de amor, no fundo, descreviam a relação de Deus com o homem e do homem com Deus. E, assim, o referido livro tornou-se, tanto na literatura cristã como na judaica, uma fonte de conhecimento e de experiência mística em que se exprime a essência da fé bíblica: na verdade, existe uma unificação do homem com Deus – o sonho originário do homem –, mas esta unificação não é confundir-se, um afundar no oceano anônimo do Divino; é unidade que cria amor, na qual ambos – Deus e o homem – permanecem eles mesmos mas tornando-se plenamente uma coisa só: "Aquele, porém, que se une ao Senhor constitui, com Ele, um só espírito" – diz São Paulo (1Cor 6,17). (Bento XVI, 2005, n. 10)

A importância do eros na Bíblia aparece também na relação entre o homem e a mulher. Retomando o relato do Gênesis, Bento XVI apontou que o homem só se sente completo quando está diante da mulher. Isso mostra que a humanidade só se realiza na complementaridade entre os dois sexos. Assim, o eros encontra-se arraigado na própria natureza humana e, no matrimônio monogâmico, idealizado pelo Criador nos primórdios – amor de exclusividade entre duas pessoas –, transparece a simbologia do amor exclusivo existente entre Deus e Seu povo.

Segundo o papa alemão, o Novo Testamento dá concretude prática ao ideal de amor apresentado nos escritos veterotestamentários ao apresentar a figura de Jesus Cristo, que entrega a Si próprio para salvar a humanidade. Essa doação se manifesta de forma mais evidente no sacramento da Eucaristia, na qual Cristo se dá aos homens como alimento, fazendo com que a pessoa humana fique unida em comunhão com Deus e com todos os irmãos que também comungam do corpo e sangue de Jesus. Considerando essa dimensão do amor de Cristo que se doa e se comunica na Eucaristia, o culto cristão se torna pleno e ordenado à ética: o ser humano deve levar ao seu semelhante o amor de Deus recebido na comunhão eucarística.

Bento XVI apontou que as parábolas de Jesus ampliaram e universalizaram o conceito de *próximo*, estendendo-o a todos os seres humanos. Isso gera um amor concreto e comprometedor, que vai ao encontro das necessidades dos seres humanos. Esse amor concreto é colocado pelo Evangelho como o critério de avaliação da conduta humana por Jesus no dia do Juízo Final.

Após refletir sobre a realidade do amor na bíblia, o papa passa a responder ao questionamento a respeito da possibilidade de o amor ser "mandado" e se é possível amar a Deus sem pode vê-Lo. Partindo novamente dos textos joaninos, o autor da encíclica assinala que existe uma unidade entre amor a Deus e amor ao próximo, de forma que o ser humano descobre e desenvolve seu amor para com Deus na medida em que exercita seu amor para com o próximo. Também aponta como Deus e Seu amor se manifestaram visivelmente em Cristo e na Igreja:

> Com efeito, ninguém jamais viu a Deus tal como Ele é em Si mesmo. E, contudo, Deus não nos é totalmente invisível, não se deixou ficar pura e simplesmente inacessível a nós. Deus amou-nos primeiro – diz a *Carta de João* citada (cf. 4,10) – e este amor de Deus apareceu no meio de nós, fez-se visível quando Ele "enviou o seu Filho unigênito ao mundo, para que, por Ele, vivamos" (1Jo 4,9). Deus fez-Se visível: em Jesus, podemos ver o Pai (cf. Jo 14,9). Existe, com efeito, uma múltipla visibilidade de Deus. Na história de amor que a Bíblia nos narra, Ele vem ao nosso encontro, procura conquistar-nos – até à Última Ceia, até ao Coração trespassado na cruz, até às aparições do Ressuscitado e às grandes obras pelas quais Ele, através da ação dos Apóstolos, guiou o caminho da Igreja nascente. Também na sucessiva história da Igreja, o Senhor não esteve ausente: incessantemente vem ao nosso encontro, através de homens nos quais Ele Se revela; através da sua Palavra, nos Sacramentos, especialmente na Eucaristia. Na liturgia da Igreja, na sua oração, na comunidade

viva dos crentes, nós experimentamos o amor de Deus, sentimos a sua presença e aprendemos deste modo também a reconhecê-la na nossa vida quotidiana. Ele amou-nos primeiro, e continua a ser o primeiro a amar-nos; por isso, também nós podemos responder com o amor. Deus não nos ordena um sentimento que não possamos suscitar em nós próprios. Ele ama-nos, faz-nos ver e experimentar o seu amor, e desta "antecipação" de Deus pode, como resposta, despontar também em nós o amor. (Bento XVI, 2005, n. 17)

O amor procede primeiro de Deus: Ele amou os homens primeiro. Dessa forma, o ser humano pode desenvolver o amor porque o recebeu de seu Criador e Redentor.

Bento XVI considera que o amor não é unicamente um sentimento, mas um ato da pessoa em sua dimensão integral, abrangendo simultaneamente intelecto, vontade e sentimento da pessoa humana. Esse amor que provém de Deus e desperta no homem a alegria da experiência de ser amado pode e deve ser desenvolvido e amadurecido pelo ser humano (Bento XVI, 2005, n. 17):

> Mas isto é um processo que permanece continuamente em caminho: o amor nunca está "concluído" e completado; transforma-se ao longo da vida, amadurece e, por isso mesmo, permanece fiel a si próprio. *Idem velle atque idem nolle* – querer a mesma coisa e rejeitar a mesma coisa é, segundo os antigos, o autêntico conteúdo do amor: um tornar-se semelhante ao outro, que leva à união do querer e do pensar. A história do amor entre Deus e o homem consiste precisamente no fato de que esta comunhão de vontade cresce em comunhão de pensamento e de sentimento e, assim, o nosso querer e a vontade de Deus coincidem cada vez mais: a vontade de Deus deixa de ser para mim uma vontade estranha que me impõem de fora os mandamentos, mas é a minha própria vontade, baseada na experiência de que realmente Deus é mais íntimo a mim mesmo de quanto o seja eu próprio. Cresce

então o abandono em Deus, e Deus torna-Se a nossa alegria (cf. Sal 73/72, 23-28).

O amor culmina, portanto, numa comunhão de vontades que produz uma união íntima entre as duas pessoas. Quando esse amor é desenvolvido na relação do ser humano com Deus, aquele se torna capaz então de amar a cada ser humano (mesmo aqueles que o desagradam ou que desconhece) desde a perspectiva de Jesus, que ama a todos os homens com predileção. Isso se reflete no amor de doação para com o próximo. Assim, o papa concluiu que o amor não é um mandamento no sentido de uma imposição externa, mas de uma experiência do ser humano ao se perceber amado por Deus e ao comunicar esse amor aos seus semelhantes.

A segunda parte da encíclica *Deus Caritas Est* aborda a dimensão prática do amor por meio da Igreja. O papa iniciou essa parte relembrando a dimensão trinitária do amor: a Trindade é uma comunhão de Pessoas. Esse amor que provém da Trindade se reflete na ação trinitária dentro da Igreja:

> O Espírito é também força que transforma o coração da comunidade eclesial, para ser, no mundo, testemunha do amor do Pai, que quer fazer da humanidade uma única família, em seu Filho. Toda a atividade da Igreja é manifestação dum amor que procura o bem integral do homem: procura a sua evangelização por meio da Palavra e dos Sacramentos, empreendimento este muitas vezes heroico nas suas realizações históricas; e procura a sua promoção nos vários âmbitos da vida e da atividade humana. Portanto, é amor o serviço que a Igreja exerce para acorrer constantemente aos sofrimentos e às necessidades, mesmo materiais, dos homens. É sobre este aspecto, sobre este *serviço da caridade*, que desejo deter-me nesta segunda parte da Encíclica. (Bento XVI, 2005, n. 19, grifo do original)

Na concepção de Bento XVI, o amor deve ser o centro da ação da Igreja no mundo. O dever de amar ao próximo, que toca a cada cristão individualmente, também deve ser observado na Igreja na condição de comunidade, em seus diferentes níveis (universal, diocesana, paroquial etc.): "A Igreja também enquanto comunidade deve praticar o amor. Consequência disto é que o amor tem necessidade também de organização enquanto pressuposto para um serviço comunitário ordenado" (Bento XVI, 2005, n. 20). Com relação a esse aspecto, o papa recuperou o relato de Lucas (At 2,42-45), ressaltando a importância do conceito de *koinonia* (comunhão) para as primeiras comunidades cristãs. A essência dessa comunhão seria o ter tudo em comum (não necessariamente no aspecto material, como fora concretizado de forma específica na comunidade de Jerusalém) no sentido de os fiéis terem os mesmos sentimentos em comum e se ajudarem mutuamente em suas necessidades.

Com relação à instituição do diaconato narrado no capítulo 6 do livro dos Atos dos Apóstolos, Bento XVI aponta que esse episódio demonstra a necessidade de distribuição dos diferentes serviços na Igreja (por exemplo: pregação e oração – apóstolos; servir as mesas – diáconos), bem como a necessidade de o serviço mais material ao próximo estar vinculado à dimensão espiritual (os diáconos foram escolhidos entre "homens cheios do Espírito Santo") e ordenado dentro da Igreja.

> Na reflexão ratzingeriana, a prática da caridade se desenvolve concomitantemente à liturgia e ao anúncio da palavra de Deus ao longo da história da Igreja. Um exemplo concreto disso seria a existência de um momento da própria celebração eucarística destinado à coleta de doações para os necessitados. O aspecto da caridade era tão observado na Igreja antiga que, conforme recorda o papa, o imperador romano Juliano I (que apostatou da fé cristã) buscou

promover obras assistenciais na sua reforma da organização religiosa pagã no intuito de superar os cristãos nesse aspecto.

Partindo dessa breve análise sobre a presença da prática da caridade nos primeiros séculos da Igreja, Bento XVI chegou a duas conclusões:

a. A natureza íntima da Igreja exprime-se num tríplice dever: anúncio da Palavra de Deus (*kerygma-martyria*), celebração dos Sacramentos (*leiturgia*), serviço da caridade (*diakonia*). São deveres que se reclamam mutuamente, não podendo um ser separado dos outros. Para a Igreja, a caridade não é uma espécie de atividade de assistência social que se poderia mesmo deixar a outros, mas pertence à sua natureza, é expressão irrenunciável da sua própria essência.

b. A Igreja é a família de Deus no mundo. Nesta família, não deve haver ninguém que sofra por falta do necessário. Ao mesmo tempo, porém, a *caritas-agape* estende-se para além das fronteiras da Igreja; a parábola do bom Samaritano permanece como critério de medida, impondo a universalidade do amor que se inclina para o necessitado encontrado "por acaso" (cf. Lc 10,31), seja ele quem for. Mas, ressalvada esta universalidade do mandamento do amor, existe também uma exigência especificamente eclesial – precisamente a exigência de que, na própria Igreja enquanto família, nenhum membro sofra porque passa necessidade. Neste sentido se pronuncia a *Carta aos Gálatas*: "Portanto, enquanto temos tempo, pratiquemos o bem para com todos, mas principalmente para com os irmãos na fé" (6,10). (Bento XVI, 2005, n. 25)

Podemos resumir a reflexão do papa da seguinte forma: o dever da Igreja reside em uma unidade formada de três pilares – anúncio, sacramentos e caridade/serviço –, resultantes de um amor que se estende ao ser humano universalmente e se manifesta de forma especial na maneira como os fiéis se tratam na comunhão eclesial.

Entre os pontos 26 e 29, a encíclica aborda a relação entre caridade e justiça. O papa iniciou sua argumentação levantando a crítica marxista do século XIX à caridade cristã: na lógica do marxismo, a caridade seria um mero paliativo para obscurecer a necessidade de uma mudança social que eliminasse as necessidades dos pobres. O autor da encíclica, embora reconheça a necessidade de o Estado contribuir subsidiariamente para a consecução de uma ordem social justa, apontou que a Revolução Industrial modificou profundamente a sociedade, obrigando-a a repensar a questão da coletividade e das estruturas sociais.

O texto da encíclica recorda também o desenvolvimento, do século XIX em diante, da doutrina social da Igreja, a qual buscava apresentar princípios norteadores de uma ação social fundada na justiça. Recorda também que o marxismo, que sonhava resolver os problemas sociais por uma revolução, teve seu sonho desiludido[4]. A doutrina social da Igreja, por outro lado, continuou a se desenvolver, pensando em soluções novas para os problemas oriundos das transformações do processo de globalização.

Para Bento XVI, a relação entre justiça e caridade funda-se especialmente em dois aspectos:

a. A busca por uma ordem social justa é dever do Estado: para isso, é necessário que aqueles que compõem a comunidade política estejam sempre aperfeiçoando o entendimento de o que é a justiça e se purificando dos interesses particulares e distorções da razão. Nesse sentido, a Igreja, com sua doutrina social, encontra-se no papel de cooperadora, oferecendo princípios que ajudem a reflexão e a

---

4 Aqui enxergamos uma referência implícita aos resultados das revoluções comunistas ao redor do mundo: de fato, os regimes comunistas não só não eliminaram as mazelas sociais, como perpetuaram a tirania e as violações aos direitos humanos. O colapso da URSS em 1991 também mostrou a falência do modelo comunista, sendo que os regimes periféricos do bloco soviético sobrevivem hoje com dificuldades.

prática, mas sem buscar se impor ou se colocar no lugar das funções do Estado. Em outras palavras: não é missão da Igreja organizar a sociedade ou resolver suas mazelas[5].

b. O amor (caritas) é sempre necessário na sociedade: mesmo com a solução de todas as mazelas materiais, o ser humano está sempre necessitado de amor. Um Estado que buscasse resolver todos os problemas materiais do ser humano de forma direta reduziria a natureza humana a uma dimensão puramente material e, mesmo assim, não resolveria o problema do sofrimento[6].

O papa concluiu apontando para a complementaridade entre caridade e justiça, a qual se reflete, na sociedade, pela complementaridade entre a ação da Igreja e do Estado:

> Deste modo, podemos determinar agora mais concretamente, na vida da Igreja, a relação entre o empenho por um justo ordenamento do Estado e da sociedade, por um lado, e a atividade caritativa organizada, por outro. Viu-se que a formação de estruturas justas não é imediatamente um dever da Igreja, mas pertence à esfera da política, isto é, ao âmbito da razão autorresponsável. Nisto, o dever da Igreja é mediato, enquanto lhe compete contribuir

---

[5] A esse respeito, recordamos que a Igreja não formula soluções concretas para os problemas políticos, econômicos e sociais (assim como não o faz em assuntos científicos, respeitando a liberdade e o dom da inteligência dados ao ser humano pelo Criador com vista justamente à solução desses problemas). Os pronunciamentos contundentes da Igreja se direcionam especialmente àqueles aspectos morais que são inegociáveis. Nos demais assuntos da sociedade, a Igreja admite uma legítima pluralidade de opiniões, entendendo que pode haver mais de uma solução moralmente aceitável para um mesmo problema. Para tanto, vide Congregação para a Doutrina da Fé (2002) e Diehl (2018, p. 212-223). Essa insistência em não transformar a Igreja em uma ONG ou um partido político que visasse solucionar as injustiças sociais foi uma ideia bastante presente nas reflexões teóricas e atuações de Joseph Ratzinger à frente da Congregação para a Doutrina da Fé. Tal ideia era compartilhada pelo Papa João Paulo II em suas encíclicas sociais e encontrou eco em pronunciamentos do Papa Francisco, o qual, embora tenha insistido na importância da participação dos cristãos (leigos) na política, igualmente alertou para o perigo de se reduzir a Igreja a uma "ONG piedosa".

[6] Embora o papa não faça menção a essa realidade, como não nos lembrarmos de países com elevado índice de desenvolvimento humano (IDH) atingidos pelo modelo político do *Welfare State* (Estado de bem-estar social) onde, infelizmente, constatam-se altos índices de suicídios entre as populações jovens. Mesmo a total provisão das necessidades materiais básicas não responde à sede de sentido que o ser humano tem dentro de si.

para a purificação da razão e o despertar das forças morais, sem as quais não se constroem estruturas justas, nem estas permanecem operativas por muito tempo. (Bento XVI, 2005, n. 29)

Com relação ao âmbito prático, Bento XVI recordou que, dentre os membros da Igreja, cabe especialmente aos fiéis leigos a atuação nas realidades temporais (política, social, econômica etc.). Por outro lado, as obras de caridade pertencem essencialmente à ação da Igreja, que nunca poderá se afastar desse tipo de ação.

No ponto 30, o papa se dedicou a refletir sobre a caridade no contexto social de seu tempo. A esse respeito, ele propõe duas considerações:

a. Meios de comunicação e globalização: os meios de comunicação dentro do processo de globalização aproximaram as distâncias entre os povos, mas não resolveram a miséria material e espiritual do ser humano. Urge que a Igreja e a sociedade saibam colocar ao serviço da justiça e da caridade as facilidades facultadas pela globalização.
b. Cooperação entre estruturas eclesiais e estatais: surgiram várias formas de colaboração entre organizações da Igreja e do Estado para a ação caritativa e filantrópica, contando com forte contingente voluntário entre as populações mais jovens. Esse espírito de solidariedade contribui para contrapor-se à cultura da morte que ameaça a sociedade contemporânea.

A respeito dessas relações, o papa também recordou o surgimento de um novo humanismo, resultante da cooperação da Igreja Católica com outras Igrejas e comunidades eclesiais na realização de obras de caridade.

O item 31 da encíclica versa sobre aspectos específicos da ação caritativa por parte da Igreja Católica. O papa recordou o crescimento das obras assistenciais no mundo contemporâneo, atribuindo a esse fenômeno uma certa influência externa do cristianismo. Frente a isso, o autor apontou três elementos específicos da caridade da Igreja (Bento XVI, 2005, n. 31):

a. Atenção do coração: embora a formação profissional na ação assistencial seja de suma importância, as pessoas que servem nas obras caritativas da Igreja devem distinguir-se pela "formação do coração", por um atendimento humanitário que leve à outra pessoa o amor de Deus, desenvolvido pela experiência de fé do cristão.
b. Independência de partidos e ideologias: a ação da Igreja deve se dirigir às necessidades reais dos homens. Não se deve negar a caridade na expectativa de um possível futuro com justiça social, o que sacrificaria o bem-estar dos homens de hoje em nome do bem-estar dos homens futuros.
c. Levar o amor de Deus sem proselitismo: a ação caritativa deve ser gratuita e desinteressada. O cristão deve levar o amor de Deus pelo testemunho e pela ação (e, quando for conveniente, também pelo anúncio), sem impor sua fé por meio da obra de caridade.

Os itens 32 a 39 abordam a questão dos responsáveis pela ação caritativa da Igreja. Nesse sentido, o papa apontou que o sujeito dessa ação é a própria Igreja (na sua dimensão universal e local), o que implica a necessidade de unidade e coordenação nas iniciativas caritativas levadas pela Igreja (como exemplo prático, o autor recordou a instituição do Pontifício Conselho *Cor Unum*, por Paulo VI, para coordenar as ações caritativas da Igreja no mundo) e um empenho especial dos bispos diocesanos na coordenação das obras de caridade na Igreja local.

> Bento XVI recordou que é necessário que os colaboradores das obras caritativas da Igreja estejam imersos no amor de Cristo e unidos em coração e obras à Igreja, livres das ideologias. O amor dos colaboradores deve se refletir em uma doação de si mesmo

> aos necessitados. Para fugir das tentações opostas da solução imediata ou da inércia frente aos males do mundo, o autor da encíclica aponta a união íntima com Deus por meio da oração, recordando o exemplo de Madre Teresa de Calcutá.

Além de guardar o cristão do ativismo secularizado, a oração ajuda o ser humano a compreender melhor o mistério do sofrimento e dos males no mundo, permanecendo na certeza do amor de Deus. Após essas considerações, o papa assinala a relação entre a caridade e as outras duas virtudes teologais:

> A fé, a esperança e a caridade caminham juntas. A esperança manifesta-se praticamente nas virtudes da paciência, que não esmorece no bem nem sequer diante de um aparente insucesso, e da humildade, que aceita o mistério de Deus e confia n'Ele mesmo na escuridão. A fé mostra-nos o Deus que entregou o seu Filho por nós e assim gera em nós a certeza vitoriosa de que isto é mesmo verdade: Deus é amor! Deste modo, ela transforma a nossa impaciência e as nossas dúvidas em esperança segura de que Deus tem o mundo nas suas mãos e que, não obstante todas as trevas, Ele vence, como revela de forma esplendorosa o *Apocalipse*, no final, com as suas imagens impressionantes. A fé, que toma consciência do amor de Deus revelado no coração trespassado de Jesus na cruz, suscita por sua vez o amor. Aquele amor divino é a luz – fundamentalmente, a única – que ilumina incessantemente um mundo às escuras e nos dá a coragem de viver e agir. O amor é possível, e nós somos capazes de o praticar porque criados à imagem de Deus. Viver o amor e, deste modo, fazer entrar a luz de Deus no mundo: tal é o convite que vos queria deixar com a presente Encíclica. (Bento XVI, 2005, n. 39)

Em sua conclusão, a encíclica *Deus Caritas Est* apresenta os santos como grandes exemplos da caridade na história, recordando especialmente o exemplo de Maria, cheia de amor e solícita com a vontade de Deus. O texto relembra especialmente do episódio da visitação a Isabel (Maria busca ajudar a prima com gravidez em idade avançada) e das bodas de Caná (a Virgem nota o problema da festa de casamento e se adianta pedindo ao Filho que auxilie os noivos).

Assinalando que os santos continuam, por amor, sua obra caritativa após a morte por meio da sua intercessão junto a Deus, o papa encerrou a encíclica confiando a missão da Igreja à Virgem Maria.

2.5 Repercussão da Deus Caritas Est

De início, poderíamos pensar que a primeira encíclica de Bento XVI surtiu pouco efeito: as guerras no Iraque e no Afeganistão continuavam seu curso nos anos seguintes, e o ano de 2006 testemunhara mais um conflito no Oriente Médio, com a eclosão de uma guerra entre o Estado de Israel e o grupo paramilitar Hezbollah, no Líbano. Entretanto, no interior da Igreja, podemos considerar que o referido documento teve considerável repercussão, assim como em outras comunidades de diferentes denominações religiosas.

Segundo Brito (2012), o aspecto da encíclica de Bento XVI mais comentado na imprensa foram as considerações tecidas pelo texto acerca do amor de eros. Não poderia ser diferente, pois, como o próprio papa assinalou na encíclica, a visão de que a Igreja rejeita o eros é largamente difundida na mentalidade ocidental.

Uma revista acadêmica luterana de estudos éticos apontou, por exemplo, a compatibilidade da visão de Bento XVI sobre a caridade com as concepções luteranas (Hinlicky, 2006). Dado o caráter mais acadêmico do papa alemão refletido no teor da encíclica, o texto encontrou eco também na comunidade acadêmica teológica, recebendo análises e comentários positivos na revista *Communio*, no ano de 2006. Membros do episcopado católico norte-americano, por outro lado, redigiram comentários e explicações da encíclica aos fiéis (Cessario, 2015).

No caso latino-americano, a ideia central da encíclica, de que o cristianismo não se reduz à prática ritualista dos sacramentos ou a um conjunto de crenças e proibições, mas constitui um encontro com a Pessoa de Jesus Cristo, foi fortemente retomada na V reunião do Celam, que resultou na redação do chamado *Documento de Aparecida*, no ano de 2007 (Celam, 2007).

Em um artigo publicado em 2006, o padre eritreu Zeracristos apontava que os ensinamentos do papa sobre o amor, desvinculados de ideologias e interesses particulares, dirigiam-se de forma especial a certos problemas do contexto africano: pobreza, abusos de poder, conflitos tribais, discriminação contra as mulheres, corrupção (Zeracristos, 2006).

No ano de 2016, foi realizado, em Roma, um congresso internacional no qual se discutiram temas ligados à encíclica *Deus Caritas Est*, revelando a sua persistente atualidade (Pontifical Council Cor Unum, 2016). No seu discurso aos participantes, o Papa Francisco salientou que a "Encíclica *Deus caritas est* conserva intacto o vigor da sua mensagem, com a qual indica a perspectiva sempre atual para o caminho da Igreja. E todos seremos tanto mais verdadeiros cristãos, quanto mais vivermos este espírito" (Francisco, 2016b). De fato, o tema do amor encarado como serviço encontra-se bastante enraizado na atuação do Papa Francisco.

Síntese

Neste capítulo, abordamos a encíclica *Deus Caritas Est*, de 2005, do Papa Bento XVI, a qual trata do tema do amor com base na perspectiva cristã. Vimos os principais fatos da biografia de Joseph Ratzinger, como sua carreira acadêmica e sacerdotal e a influência da nova teologia em seu pensamento. Também conhecemos os principais fatos do pontificado de Bento XVI, marcado por uma preocupação com a formação doutrinal dos fiéis e o retorno ao sentido de sacralidade na Igreja.

Vimos como a encíclica *Deus Caritas Est*, publicada em uma década marcada por acirrados conflitos e pela ascensão de fundamentalismos, buscou apresentar a face amorosa de Deus, apontando a unidade entre as diferentes formas de amor na relação entre o ser humano e seu Criador. A encíclica abordou também a dimensão prática do amor e suas implicações sociais. Podemos perceber, pelos estudos reunidos no ano de 2016, que os temas propostos pela *Deus Caritas Est* continuam pertinentes no debate teológico contemporâneo.

Atividades de autoavaliação

1. Sobre a formação de Joseph Ratzinger, podemos afirmar que:
   a) Foi essencialmente tradicionalista e alheia aos debates teológicos de seu tempo.
   b) Foi marcada de forma especial pela influência da teologia agostiniana.
   c) Foi marcada, principalmente, pela teologia neotomista de Garrigou Lagrange.
   d) Foi caracterizada especialmente pela filosofia kantiana.
   e) Foi marcada profundamente pelos temas sociais.

2. Sobre o pontificado de Bento XVI, assinale a alternativa correta:
   a) Foi um período de declínio do fundamentalismo religioso.
   b) Foi um período marcado por relativa estabilidade no seio da Igreja.
   c) Foi um período de conflitos no mundo e de problemas internos na Igreja.
   d) Foi caracterizado, principalmente, pela ampla utilização midiática da pessoa do papa.
   e) Foi caracterizado, especialmente, pela estagnação dos estudos teológicos no ensino superior católico.

3. Sobre o contexto de produção da encíclica *Deus Caritas Est*, podemos afirmar que:
   a) Foi um contexto de crescimento dos conflitos no Oriente Médio.
   b) Foi um período em que o discurso religioso não foi utilizado para justificar guerras.
   c) Foi um período de ausência de combates aos escândalos sexuais de membros do clero.
   d) Foi uma época de graves crises econômicas no mundo ocidental.
   e) Foi uma época de enfraquecimento do relativismo moral e religioso.

4. Sobre a encíclica *Deus Caritas Est*, assinale a afirmativa correta:
   a) Explica o amor cristão, contrapondo-o ao eros pagão.
   b) Parte da noção de que o amor é o próprio Deus.
   c) Aborda o amor apenas em sentido teórico.
   d) Apresenta uma visão negativa da sexualidade.
   e) Contrapõe a caridade à ação social.

5. Sobre a recepção da *Deus Caritas Est*, podemos afirmar que:
   a) Sua reflexão teórica foi superada no pontificado de Francisco.
   b) Suas reflexões teológicas não foram aproveitadas fora da Igreja Católica.
   c) A mídia repercutiu bastante as considerações acerca do eros.
   d) Foi criticada no Documento de Aparecida, de 2007.
   e) Foi pouco divulgada entre os fiéis norte-americanos.

Atividades de aprendizagem

Questões para reflexão

1. Leia os itens 2 a 18 da *Deus Caritas Est* (Bento XVI, 2005) e responda: O amor, com base na visão cristã, é um sentimento? Justifique sua resposta.

2. Baseando-se nos itens 26 a 29 da *Deus Caritas Est* (Bento XVI, 2005), responda: Existe contradição entre justiça e caridade? Justifique sua resposta.

Atividades aplicadas: prática

1. Faça um mapeamento dos problemas de relacionamento mais frequentes nos ambientes de seu convívio e procure traçar metas de como redirecionar esses problemas à luz do amor cristão.

2. Faça uma entrevista com uma pessoa que participe de alguma obra de caridade e redija um pequeno relatório, apontando a visão do entrevistado a respeito de como aquela ação caritativa contribuiu para o seu próprio agente.

3
A exortação apostólica Evangelii Gaudium

Publicada em 24 de novembro de 2013, a exortação apostólica *Evangelii Gaudium* foi o primeiro grande documento do Papa Francisco (dado que sua primeira encíclica, *Lumen Fidei*, é, em grande parte, de autoria de seu antecessor). A referida exortação pode ser vista como a enunciação de um "programa de ação" da Igreja missionária idealizada pelo papa argentino.

Com base na trajetória intelectual e biográfica do Papa Francisco e na leitura da *Evangelii Gaudium*, podemos observar o foco missionário que marca as ideias e as ações do primeiro papa latino-americano.

3.1 Formação de Jorge Bergoglio

Jorge Mario Bergoglio nasceu em Buenos Aires, Argentina, em 17 de dezembro de 1936. Seus pais eram Mario Giuseppe Bergoglio (1908-1959) e Regina María Sivori Gogna (1911-1981), imigrantes italianos. Mario trabalhava como contabilista da rede ferroviária e Regina era dona de casa. A infância de Jorge se passou na cidade de Flores, onde estudou no colégio dos Salesianos (Besen, 2014; Carvalho, 2016; Colletto, 2015; Koller, 2017; Libreria Editrice Vaticana, 2020).

Jorge Bergoglio inicialmente seguiu uma carreira secular, tendo se diplomado como técnico químico, trabalhando em uma empresa do ramo. Entretanto, em 1958, o jovem argentino entrou como noviço na Companhia de Jesus, tendo estudado Humanidades no Chile e, depois, Filosofia e Sociologia no Colégio Máximo San José, na cidade de San Miguel, sob a direção dos jesuítas. Nessa instituição, Bergoglio teve contato com a obra de vários intelectuais jesuítas de seu tempo, como os teólogos Henri de Lubac e Gaston Fessard, bem como o historiador Michel de Certeau (Besen, 2014; Borghesi, 2018a, 2018b; Colletto, 2015; Koller, 2017; Libreria Editrice Vaticana, 2020).

Entre 1964 e 1965, Bergoglio lecionou literatura e psicologia no colégio jesuíta em Santa Fé e no colégio do Salvador em Buenos Aires, no ano seguinte. O jesuíta estudou teologia entre os anos 1967 e 1970, no Colégio San José. Em 1969, Jorge foi ordenado presbítero pelas mãos do arcebispo de Córdoba, Jamón José Castellano. Continuou seus estudos em Alcalá de Henares (Espanha), entre os anos de 1970 e 1971, e lá fez sua profissão de votos perpétua, em 1973 (Libreria Editrice Vaticana, 2020).

Após sua profissão de votos, padre Jorge retornou à Argentina, em 1973. Em sua pátria, exerceu o cargo de superior provincial dos jesuítas, entre 1973 e 1979 (Besen, 2014; Colletto, 2015; Koller, 2017; Libreria Editrice Vaticana, 2020). Os anos em que Bergoglio estudou e exerceu o cargo de superior da Companhia de Jesus foram de grande tensão interna e externa para a Igreja na Argentina e na América Latina como um todo. Do ponto de vista interno, observamos a questão da teologia da libertação e os conflitos no seio do clero e do laicato a respeito dos alinhamentos políticos mais próximos do conservadorismo ou das ideias de esquerda[1]. Por outro lado, no âmbito externo existia o problema dos regimes autoritários de direita, exercidos por governos militares, com ampla repressão sobre as oposições políticas e intelectuais (Dominella, 2012; Etulain, 2006; Osuna, 2017; Rapoport; Laufer, 2000). Nesse período, o jesuíta argentino buscou ajudar as pessoas perseguidas pelo governo (Colletto, 2015).

Após o período em que esteve à frente dos jesuítas argentinos, o padre Jorge retornou à carreira acadêmica, tendo sido reitor do Colégio San José, entre 1980 e 1986, além de ter assumido atividades paroquiais. Em 1986, fez doutorado na Alemanha. Em 20 de maio de 1992, Bergoglio foi nomeado bispo auxiliar de Buenos Aires por João Paulo II, tendo recebido a sagração episcopal em 27 de junho do mesmo ano. Em 1997, tornou-se arcebispo coadjutor de Buenos Aires, tendo sido nomeado arcebispo metropolitano da referida arquidiocese em 1998, após a morte do antecessor (Besen, 2014; Colletto, 2015; Koller, 2017; Libreria Editrice Vaticana, 2020).

Durante seu período como bispo auxiliar e arcebispo, Bergoglio testemunhou uma nova fase da história Argentina: a redemocratização política e a expansão de um modelo econômico neoliberal (Fantinel;

---

[1] Com relação ao que chamamos de *teologia da libertação*, há de se ter em conta que não constitui necessariamente um grupo homogêneo, visto que nem todos os seus autores apresentam uma visão marxista aplicada à teologia. Nesse mesmo contexto observamos o surgimento da **teologia da cultura** ou **teologia do povo**, que influenciou Jorge Bergoglio. A teologia da cultura entende que as pessoas se encontram inseridas em um determinado contexto cultural (com seus valores, costumes, visão de mundo) e que a evangelização deve ser feita levando em consideração esses aspectos culturais.

Lenz, 2015; Ferrari; Cunha, 2008; Fraquelli, 2000; Ramos-Silva, 2009). Embora houvesse uma diminuição dos problemas de perseguição política, as desigualdades sociais continuavam sendo uma questão desafiadora, as quais o arcebispo também enfrentou.

Jorge Bergoglio foi nomeado cardeal em 2001. Também presidiu a Conferência episcopal de seu país entre 2005 e 2011. Merecem destaque, durante esse período, sua participação como relator do documento final da reunião do Conselho Episcopal Latino-Americano (Celam) em Aparecida, no ano de 2007, bem como o lançamento de uma campanha de solidariedade, no ano de 2009 (Besen, 2014; Koller, 2017; Libreria Editrice Vaticana, 2020). O episcopado de Bergoglio também foi marcado por alguns traços de sua personalidade: sua simplicidade e austeridade pessoal, bem como sua ação pastoral de constante contato com os fiéis de sua arquidiocese. Com a renúncia de Bento XVI, em 2013, o cardeal argentino se dirigiu a Roma para o conclave.

3.2 O pontificado de Francisco

Bergoglio foi eleito papa pelo conclave dos cardeais, em 13 de março de 2013. Em memória dos pobres, que sempre defendeu durante sua vida sacerdotal, o cardeal argentino escolheu para si o nome papal de Francisco, uma alusão ao frade Francisco de Assis, arauto da pobreza apostólica.

O contexto histórico do início do pontificado de Francisco foi bastante conturbado. Já em seu primeiro ano, o mundo testemunhou assombrado o crescimento do grupo terrorista Estado Islâmico (o Isis) no Iraque e na Síria, massacrando as populações cristãs, yazidis e muçulmanas xiitas da região, além de muçulmanos sunitas que não concordassem com as diretrizes da referida organização.

Em 2014, houve um clima de tensão na Europa por conta da invasão de soldados russos na região da Crimeia, que passou a ser disputada entre o governo ucraniano (com uma agenda política mais favorável à União Europeia) e parte da população e autoridades da Crimeia (mais alinhados com o governo russo de Vladimir Putin). Enquanto a América Latina continuava apresentando um histórico de decréscimo de fiéis católicos em comparação com as igrejas neopentecostais, a África e a Ásia testemunham um considerável crescimento do catolicismo, não obstante as constantes perseguições por grupos fundamentalistas (especialmente muçulmanos e hindus).

As guerras e perseguições geraram um grande fluxo de migrações em direção à Europa, à América e à Oceania, provocando uma complexa e complicada crise humanitária sobre a qual o pontífice tem se pronunciado, instando os países ricos a uma acolhida generosa e prudente, em cooperação com a comunidade internacional (Besen, 2014; Diehl, 2018; Veiga, 2018). Embora as preocupações humanitárias apareçam de forma bem marcada no pontificado de Francisco, podemos sintetizar que o centro de sua pregação é a Igreja com forte caráter missionário: ir ao encontro do próximo e anunciar o Cristo (Koller, 2017; Passos, 2017).

3.3 Contexto de produção da *Evangelii Gaudium*

No mês de novembro de 2013, quando a *Evangelii Gaudium* foi lançada, o Papa Francisco praticou dois gestos importantes, que assinalam características marcantes de seu pontificado: criou uma comissão destinada a investigar com mais eficiência os clérigos acusados de crimes graves e mandou instaurar duchas na Praça de São Pedro para os sem-teto de Roma (Diário de Notícias, 2018).

> Diferentemente do caso da *Evangelium Vitae*, de João Paulo II (motivada pelos acontecimentos geopolíticos de 1994), e da *Deus Caritas Est*, de Bento XVI (motivada em parte pelo crescimento do ódio e pelas guerras no contexto geopolítico), a exortação do Papa Francisco não está motivada por um acontecimento histórico específico, mas, antes, busca lançar uma espécie de programa de atuação da Igreja no mundo contemporâneo (Colletto, 2015; Koller, 2017).

O contexto da *Evangelii Gaudium* aponta para uma demanda da ação missionária da Igreja, em um mundo marcado por secularismo, materialismo, desigualdades sociais, relativismo de valores e perda do sentido da vida.

3.4 Análise da Evangelii Gaudium

A exortação apostólica *Evangelii Gaudium* inicia assinalando a alegria que a ação de Jesus produz na pessoa humana e também anunciando a finalidade prática do documento: "Quero, com esta Exortação, dirigir-me aos fiéis cristãos a fim de os convidar para uma nova etapa evangelizadora marcada por esta alegria e indicar caminhos para o percurso da Igreja nos próximos anos" (Francisco, 2013, n. 1).

Em seguida, o papa apontou os perigos do mundo atual com relação ao desânimo:

> O grande risco do mundo atual, com sua múltipla e avassaladora oferta de consumo, é uma tristeza individualista que brota do coração comodista e mesquinho, da busca desordenada de prazeres superficiais, da consciência isolada. Quando a vida interior se fecha nos próprios interesses, deixa de haver espaço para os outros, já não entram os pobres, já não se ouve a voz de Deus, já não se goza da doce alegria do seu amor, nem fervilha o entusiasmo de fazer o bem. Este é um risco, certo e permanente, que correm também os crentes. Muitos caem nele, transformando-se em pessoas ressentidas, queixosas, sem vida. Esta não é a escolha duma vida digna e plena, este não é o desígnio que Deus tem para nós, esta não é a vida no Espírito que jorra do coração de Cristo ressuscitado. (Francisco, 2013, n. 2)

Para enfrentar esse panorama de comodismo e superficialidade egoísta, o papa propôs aos fiéis que renovassem seu encontro pessoal com Jesus, confiando que a misericórdia do Senhor é maior do que as frequentes quedas humanas.

Partindo do Antigo Testamento, o papa recordou que os textos veterotestamentários apresentavam a alegria como consequência da salvação operada por Deus em seu povo, alegria essa que também se manifestava nas pequenas coisas da criação. Em seguida, recorreu ao Novo Testamento para mostrar que o anúncio de Cristo é um anúncio de alegria, mesmo com a aparente derrota da cruz, que se desvela na ressurreição, alegria que não pode ser ofuscada. Os escritos dos apóstolos também apontavam a alegria como uma consequência do seguimento de Jesus, mesmo em meio às dificuldades que isso acarretava na comunidade primitiva.

O texto da exortação recorda que há cristãos que vivem uma "Quaresma sem Páscoa", isto é, que vivem somente os sofrimentos da vida, não cultivando a alegria do seguimento de Jesus. O remédio para essa tentação, apontou o papa, é o encontro íntimo com o Senhor:

> A tentação [do desânimo] apresenta-se, frequentemente, sob forma de desculpas e queixas, como se tivesse de haver inúmeras condições para ser possível a alegria. Habitualmente isto acontece, porque "a sociedade técnica teve a possibilidade de multiplicar as ocasiões de prazer; no entanto ela encontra dificuldades grandes no engendrar também a alegria". Posso dizer que as alegrias mais belas e espontâneas, que vi ao longo da minha vida, são as alegrias de pessoas muito pobres que têm pouco a que se agarrar. Recordo também a alegria genuína daqueles que, mesmo no meio de grandes compromissos profissionais, souberam conservar um coração crente, generoso e simples. De várias maneiras, estas alegrias bebem na fonte do amor maior, que é o de Deus, a nós manifestado em Jesus Cristo. Não me cansarei de repetir estas palavras de Bento XVI que nos levam ao centro do Evangelho: "Ao início do ser cristão, não há uma decisão ética ou uma grande ideia, mas o encontro com um acontecimento, com uma Pessoa que dá à vida um novo horizonte e, desta forma, o rumo decisivo". (Francisco, 2013, n. 7)

A alegria, portanto, provém do amor de Deus. Esse amor, que é grandioso, não deve ser trancado apenas na intimidade do ser, mas comunicado aos demais. É um amor expansivo. A vida cristã se fortalece com a doação. O cristão, por isso, deve cultivar a alegria na evangelização, alegria que vem de Deus e se comunica aos demais.

Um aparente paradoxo é, em seguida, acentuado pelo papa: ao se debruçar sobre o frescor original do Evangelho, desponta a criatividade para um renovado anúncio da Boa Nova diante dos novos desafios do mundo. A mensagem do Evangelho é sempre nova e renova o ser humano. O centro dessa mensagem é o amor de Deus pela nossa espécie por intermédio do Cristo morto e ressuscitado.

Dessa forma, Francisco assinalou que o cristão deve se entregar de forma generosa à missão evangelizadora, mas estar sempre ciente do protagonismo de Deus, que age mediante o Seu Espírito. Nesse sentido, a novidade do Evangelho não é um esquecimento da memória, mas uma renovação contínua da memória dos feitos de Deus em favor de seu povo.

Nos itens 14 e 15, o papa comentou os assuntos discutidos na XIII Assembleia Geral Ordinária do Sínodo dos Bispos, celebrada entre os dias 7 e 28 de outubro de 2012. Nessa reunião, os bispos recordaram a dimensão universal da missão evangelizadora em relação aos membros da Igreja e apontaram três âmbitos da evangelização:

1. **Pastoral ordinária**: destinada a animar os fiéis que participam regularmente da comunidade e que nutrem uma fé católica intensa e sincera.
2. **Pastoral da conversão dos batizados**: destinada a restituir o comprometimento da fé aos batizados que não vivem sua vocação batismal.
3. **Pastoral do anúncio aos não cristãos**: destinada a proclamar o Evangelho aos que não conhecem ou rejeitaram Cristo. Esse anúncio deve ser feito por atração e não de forma proselitista[2].

Para Francisco, a ação missionária é um imperativo na Igreja. Nesse sentido, a comunidade eclesial nunca pode se sentir "tranquila", dado que sempre haverá pessoas a serem evangelizadas.

Nos pontos 16 e 17, o Papa Francisco explicou que busca encorajar a Igreja a enfrentar alguns desafios atuais com base no que foi discutido no Sínodo, lembrando a importância de uma sadia descentralização eclesiástica, acentuando que com seu magistério papal não pretende

---

2 Ordinariamente falando, a palavra *proselitismo* pode simplesmente denotar o ato de se fazer prosélitos, isto é, adeptos de uma determinada crença, ideia ou ideologia. Quando os papas falam em não transformar o anúncio do Evangelho em proselitismo (usando a palavra em um sentido depreciativo, de certa forma), significa que o cristão não deve buscar fazer adeptos como um simples acréscimo de números para a Igreja, mas comunicar uma realidade concreta (o amor e a alegria da relação íntima com Deus) a uma outra pessoa, que irá receber ativamente esse anúncio (e não passivamente, como quem adere a uma ideia por inércia). Para os usos positivos e pejorativos do termo *proselitismo* na vida da Igreja, consulte este *link*: <https://opusdei.org/pt-br/article/evangelizacao-proselitismo-e-ecumenismo>.

substituir a responsabilidade dos bispos em avaliar os casos concretos dentre de suas Igrejas locais. Assim se expressou o papa a respeito dos temas que decidiu abordar na exortação:

> Aqui escolhi propor algumas diretrizes que possam encorajar e orientar, em toda a Igreja, uma nova etapa evangelizadora, cheia de ardor e dinamismo. Neste quadro e com base na doutrina da Constituição dogmática *Lumen gentium*, decidi, entre outros temas, de me deter amplamente sobre as seguintes questões:
>
> a. A reforma da Igreja em saída missionária.
> b. As tentações dos agentes pastorais.
> c. A Igreja vista como a totalidade do povo de Deus que evangeliza.
> d. A homilia e a sua preparação.
> e. A inclusão social dos pobres.
> f. A paz e o diálogo social.
> g. As motivações espirituais para o compromisso missionário.
> (Francisco, 2013, n. 17)

Assim, Francisco apontou os desafios que considera mais urgentes para a ação missionária da Igreja, debruçando-se detidamente em cada um desses sete temas.

O capítulo I aborda a transformação missionária da Igreja (ou seja, o item "a" elencado pelo papa). O pontífice iniciou esse capítulo definindo que a ação da Igreja sempre comporta uma dinâmica de "saída", que ele define como "sair da própria comodidade e ter a coragem de alcançar todas as periferias que precisam da luz do Evangelho" (Francisco, 2013, n. 20). Trata-se, como podemos observar, de uma saída não necessariamente física (embora às vezes o seja claramente, como no caso de uma congregação de missionários), mas antes existencial. Essa "saída" deve se dirigir a todos, sem exceção.

Na concepção de Francisco (2013), os missionários da Igreja em saída apresentam cinco características:

1. **"Primeirear"**: têm iniciativa de ir ao encontro dos excluídos.
2. **Envolver-se**: entram na vida diária dos outros, compartilhando bens, experiência e amor.
3. **Acompanhar**: acompanham a humanidade em seus processos.
4. **Frutificar**: permanecem atentos aos frutos da evangelização.
5. **Festejar**: festejam cada passo da evangelização.

Outro elemento apontado pelo papa como essencial para a ação missionária da Igreja é sua contínua renovação e conversão para que, em cada época, a comunidade eclesial corresponda à imagem que Cristo quis dela. Nesse sentido, é necessária uma reforma das estruturas eclesiais que as tornem menos fechadas e mais úteis à ação missionária.

Com relação à estrutura das paróquias, a exortação assinala que a instituição paroquial conserva sua atualidade, mas que deve se adaptar para estar mais próxima das famílias e da vida do povo, saindo do risco de se tornar uma comunidade elitista de uns poucos eleitos. Assim, ela poderá cumprir sua função de ser a fonte que dá a força aos fiéis para que continuem suas missões. O papa valoriza a importância dos demais movimentos e realidades eclesiais, mas reitera a necessidade de estarem de alguma forma vinculados à paróquia.

Assumem vital importância na reforma das estruturas eclesiais os bispos diocesanos, sinais da unidade da Igreja local. Nesse sentido, o papa exortou os bispos a observarem sempre onde se faz mais necessária a luz de Cristo em sua diocese, bem como a zelarem pela unidade da ação missionária, sempre com o objetivo de ouvir e considerar a todos.

Por fim, Francisco apontou a necessidade também de uma reforma do papado, buscando fixar o primado romano nos aspectos mais essenciais, favorecendo uma descentralização e maior autonomia das conferências episcopais.

Atento ao problema da velocidade de informações (frequentemente desvinculadas de profundidade) dos meios de comunicação modernos, o papa destacou a necessidade de os cristãos cuidarem para que a mensagem da Igreja não fique reduzida a aspectos secundários ou a uma única parte.

O anúncio cristão deve partir do eixo central da boa nova de Jesus. Assim se expressa o texto:

> Todas as verdades reveladas procedem da mesma fonte divina e são acreditadas com a mesma fé, mas algumas delas são mais importantes por exprimir mais diretamente o coração do Evangelho. Neste núcleo fundamental, o que sobressai é *a beleza do amor salvífico de Deus manifestado em Jesus Cristo morto e ressuscitado*. Neste sentido, o Concílio Vaticano II afirmou que "existe uma ordem ou 'hierarquia' das verdades da doutrina católica, já que o nexo delas com o fundamento da fé cristã é diferente". [...] Isto é válido tanto para os dogmas da fé como para o conjunto dos ensinamentos da Igreja, incluindo a doutrina moral. (Francisco, 2013, n. 36, grifo do original)

Nesse sentido, as verdades de fé e moral são consequência do acolhimento desse primeiro anúncio. A "hierarquia das verdades" apontada pelo papa deve se refletir na pregação e no anúncio, na proporção e na frequência com que cada tema é abordado. As verdades de fé precisam ser anunciadas dentro de uma contextualização maior: a necessidade de o ser humano responder ao Deus que o ama e lhe ofereceu a salvação.

A Igreja precisa, no entender de Francisco, estar atenta às mudanças culturais e científicas, adaptando a linguagem conforme os tempos e lugares para poder comunicar adequadamente a mensagem. Por outro lado, a adaptação não deve trair o essencial, não deve negar o caráter da cruz para tornar-se agradável. Na mesma

> linha de atenção às mudanças, o papa convida a Igreja a estar continuamente refletindo sobre a necessidade de adaptar costumes e preceitos eclesiais que foram frutíferos em determinado período para as exigências dos novos tempos.

Com relação à responsabilidade humana nos pecados, o papa lembrou dos atenuantes, alertando para o perigo de os sacerdotes transformarem o confessionário em "uma câmara de tortura". Dessa forma, os pastores devem estar vigilantes em relação ao essencial: manifestar o amor e a misericórdia de Deus para com o pecador.

Em suma, a exortação assinala a necessidade de adaptar a mensagem evangelizadora aos diferentes contextos sem, contudo, renunciar à verdade e à essência dessa mensagem. O papa encerrou o primeiro capítulo acentuando a necessidade de a Igreja estar aberta a todos, dirigindo-se especialmente aos pobres.

No capítulo II da exortação, Francisco tratou de algumas questões que podem enfraquecer ou estagnar a ação evangelizadora da Igreja, apontando para a necessidade de se estudar os sinais dos tempos. Na concepção do papa, apesar dos progressos técnicos e científicos, a humanidade atualmente se encontra em grande parte entregue ao medo, ao desânimo, à violência ou à desigualdade social.

O primeiro obstáculo condenado pelo papa no mundo atual é a economia de exclusão: as pessoas tornam-se descartáveis, prevalecendo a lei do mais forte. Esse problema é associado a uma idolatria do dinheiro, na qual toda a sociedade é conduzida tendo como foco os interesses financeiros, retirando o ser humano do centro da sociedade. Com base nessas considerações, o autor da exortação recorda que o dinheiro deve estar a serviço do ser humano, e não governando-o. Assim, convida os ricos a serem solidários, usando de seus bens para ajudarem os pobres. Ainda relacionado ao problema econômico, é assinalada a desigualdade social como fator que incentiva a violência: tal como o bem tende a se disseminar, também o mal se espalha. Quando a lógica do sistema é injusta, ela tende a contaminar os indivíduos que vivem sob esse sistema.

Com relação aos aspectos culturais, Francisco assinalou a existência de dois opostos com relação à prática religiosa: a perseguição violenta em alguns países e a indiferença relativista em outros. Além disso, a globalização perpetrada pelos *mass-media* tende a impor modelos culturais superficiais dos países do Norte aos países africanos e asiáticos, tratando-os como meramente periféricos.

Como consequências do materialismo consumista e individualista, o papa apontou a existência de fundamentalismos em um extremo e religiosidades sem Deus no outro. Surge, com essa situação, uma mentalidade que tende a relativizar a fé da Igreja ao âmbito meramente privado e pessoal. Essas concepções acabam por favorecer um relativismo ético e moral, nocivo especialmente aos adolescentes e aos jovens.

> Com relação ao individualismo e à crise da família, Francisco asseverou a necessidade de cultivar uma atitude de comunhão na ação evangelizadora, capaz de fortalecer e estreitar vínculos.

Sobre a necessidade da inculturação do Evangelho, o papa exortou a Igreja a aproveitar o substrato que já exista nas culturas que já tenham sido evangelizadas (purificando-as das suas distorções e superstições) e buscando novas estratégias de evangelização nos países de outras tradições religiosas ou de avançada secularização.

Nas sociedades urbanas atuais, assegurou Francisco, há uma pluralidade de convivências e ideias. Nesse cenário, a Igreja é chamada não só a revelar a dimensão contemplativa, mas também servir como instrumento de diálogo entre os diferentes setores da sociedade.

A evangelização deve buscar restituir a dignidade humana nos ambientes urbanos onde ela é frequentemente renegada.

No seio das sociedades atuais, o papa identificou algumas tentações que acometem os agentes pastorais da evangelização (Francisco, 2013):

1. **Espiritualidade individualista**: a vida espiritual confunde-se com alguns momentos de alívio e fuga das responsabilidades. A espiritualidade fica então destituída da relação integral com Deus e do compromisso missionário.
2. **Acídia egoísta**: o temor de doar tempo e a desmotivação nas atividades pastorais são consequência de uma ação desvinculada da resposta alegre ao amor de Deus.
3. **Pessimismo estéril**: sensação de derrota que é consequência da falta de confiança em Deus e de uma falsa compreensão do mistério da cruz.
4. **Isolamento social**: consequência do individualismo, acaba transformando a religião em uma forma de consumismo espiritual que dissocia a espiritualidade da dimensão relacional com Deus e o próximo.
5. **Mundanismo espiritual**: a busca por glória e prestígio social por meio da Igreja, transformando-a em peça de museu ou posse particular.
6. **Guerra entre cristãos**: consequência do mundanismo espiritual, gera conflitos dentro da comunidade por conta de invejas, disputas de poder ou outros interesses escusos.

Além das tentações anteriormente elencadas, o papa ainda apontou como desafios para a ação da Igreja no mundo atual: uma maior conscientização do papel dos leigos na Igreja; a ampliação da participação da mulher na Igreja; a conscientização do ministério ordenado como função, não como poder; necessidade de escutar os jovens; e incentivar o fervor apostólico nas comunidades como fermento de novas vocações. Francisco concluiu o segundo capítulo da exortação lembrando que os desafios existem para serem transpostos.

No capítulo III, o papa se dedicou a expor o dever dos cristãos de anunciar o Evangelho. Nesse sentido, recordou que a evangelização é dever da Igreja em seu sentido mais concreto, de povo de Deus:

> A evangelização é dever da Igreja. Este sujeito da evangelização, porém, é mais do que uma instituição orgânica e hierárquica; é, antes de tudo, um povo que peregrina para Deus. Trata-se certamente de um *mistério* que mergulha as raízes na Trindade, mas tem a sua concretização histórica num povo peregrino e evangelizador, que sempre transcende toda a necessária expressão institucional. Proponho que nos detenhamos um pouco nesta forma de compreender a Igreja, que tem o seu fundamento último na iniciativa livre e gratuita de Deus. (Francisco, 2013, n. 111, grifo do original)

A salvação, recordou Francisco, é obra de Deus, não do ser humano. Nesse sentido, o cristão atua como colaborador e instrumento da graça divina. Essa salvação, que é estendida a todos os homens, foi estabelecida por Deus de forma comunitária: o Senhor quis congregar na Igreja Seu povo, os homens a quem visa salvar. Para que isso se realize plenamente, urge que a Igreja seja um local de acolhida, misericórdia, amor e alegria.

Partindo do conceito de cultura como "estilo de vida que uma determinada sociedade possui, da forma peculiar que têm os seus membros de se relacionar entre si, com as outras criaturas e com Deus" (Francisco, 2013, n. 115), a exortação se detém a considerar a importância de uma legítima diversidade cultural na Igreja, que abraça uma infinidade de povos. Nesse sentido, o papa alertou para o perigo de querer reduzir o Evangelho a uma única cultura.

Outro aspecto importante da nova evangelização proposta pela exortação é a redescoberta do dever missionário de todo homem batizado. Isso implica uma necessidade de contínua formação, mas não impõe que o cristão espere até estar "pronto" para a tarefa: deve sempre evangelizar porque, em essência, o anúncio é a transmissão do amor de Deus que o fiel experimentou.

> Com especial atenção para o contexto latino-americano, Francisco recordou a importância da piedade popular na evangelização, como instrumento que sedimenta a mensagem do Evangelho na cultura do povo, especialmente dos mais simples. A nova ação evangelizadora deve valorizar a piedade popular como fruto da ação do Espírito.

Para o autor da exortação, a evangelização deve ser exercida também na relação interpessoal:

> Hoje que a Igreja deseja viver uma profunda renovação missionária, há uma forma de pregação que nos compete a todos como tarefa diária: é cada um levar o Evangelho às pessoas com quem se encontra, tanto aos mais íntimos como aos desconhecidos. É a pregação informal que se pode realizar durante uma conversa, e é também a que realiza um missionário quando visita um lar. Ser discípulo significa ter a disposição permanente de levar aos outros o amor de Jesus; e isto sucede espontaneamente em qualquer lugar: na rua, na praça, no trabalho, num caminho.
>
> Nesta pregação, sempre respeitosa e amável, o primeiro momento é um diálogo pessoal, no qual a outra pessoa se exprime e partilha as suas alegrias, as suas esperanças, as preocupações com os seus entes queridos e muitas coisas que enchem o coração. Só depois desta conversa é que se pode apresentar-lhe a Palavra, seja pela leitura de algum versículo ou de modo narrativo, mas sempre recordando o anúncio fundamental: o amor pessoal de Deus que Se fez homem, entregou-Se a Si mesmo por nós e, vivo, oferece a sua salvação e a sua amizade. É o anúncio que se partilha com

> uma atitude humilde e testemunhal de quem sempre sabe aprender, com a consciência de que esta mensagem é tão rica e profunda que sempre nos ultrapassa. Umas vezes exprime-se de maneira mais direta, outras através dum testemunho pessoal, uma história, um gesto, ou outra forma que o próprio Espírito Santo possa suscitar numa circunstância concreta. Se parecer prudente e houver condições, é bom que este encontro fraterno e missionário conclua com uma breve oração que se relacione com as preocupações que a pessoa manifestou. Assim ela sentirá mais claramente que foi ouvida e interpretada, que a sua situação foi posta nas mãos de Deus, e reconhecerá que a Palavra de Deus fala realmente à sua própria vida. (Francisco, 2013, n. 127-128)

Essa é a ação missionária que o cristão leva a cabo no seu dia a dia, nas atividades e ambientes do seu cotidiano, por meio de suas ações, de seus exemplos, testemunhos e no trato com o próximo. Dessa forma, o papa considerou que o Evangelho deve ser comunicado igualmente na relação pessoa a pessoa e no âmbito maior da cultura, por meio da inculturação.

Francisco também assinalou a importância de os carismas das diversas realidades eclesiais estarem unidos, dado que se ordenam não para a edificação pessoal, mas para a edificação da Igreja como um todo. Para que isso ocorra, é necessário que os cristãos estejam abertos à ação do Espírito.

No âmbito das ciências, o papa acentuou que a teologia e as instituições de ensino católicas devem dialogar com as demais ciências, utilizando-as como instrumentos para facilitar a comunicação do Evangelho ao homem de hoje. Entretanto, alertou para a necessidade de esse saber estar voltado para a realidade, a fim de não se tornar um "conhecimento de gabinete".

Outro ponto abordado pelo pontífice é a homilia. O autor recordou que ela é, principalmente, um diálogo entre Deus e o seu povo (no qual o pregador é apenas o instrumento), visando reavivar a aliança entre ambos. Nesse sentido, ela deve ser breve, adequada à linguagem do público e capaz de motivar e alegrar os corações dos fiéis. Para isso é importante que o pregador se prepare adequadamente, deixando-se tocar pela Palavra de Deus, recorrendo à *lectio divina* (leitura orante), escutando as necessidades do povo e utilizando-se dos recursos pedagógicos adequados.

Sobre a catequese, Francisco acentuou a necessidade de ela ser querigmática (centrada no primeiro anúncio do amor de Jesus, que deu a vida pela salvação dos homens) e mistagógica (formar progressivamente por meio dos sinais e dos símbolos expressos na liturgia). Francisco também sustentou a urgência de um acompanhamento pessoal, por parte dos pastores, a agentes de pastoral, do progresso de vida dos que são evangelizados. Nesse processo, é importante o saber escutar para, com a ajuda do Espírito, poder auxiliar no crescimento espiritual do próximo.

O terceiro capítulo da exortação se encerra apontando a necessidade de a evangelização estar alicerçada na Palavra de Deus, por meio do estudo e familiaridade com as escrituras.

O capítulo IV trata da dimensão social da evangelização. Nesse sentido, o papa aponta que a caridade é uma consequência de caráter social advinda do querigma:

> Confessar um Pai que ama infinitamente cada ser humano implica descobrir que "assim lhe confere uma dignidade infinita". Confessar que o Filho de Deus assumiu a nossa carne humana significa que cada pessoa humana foi elevada até ao próprio coração de Deus. Confessar que Jesus deu o seu sangue por nós impede-nos de ter qualquer dúvida acerca do amor sem limites que enobrece todo o ser humano. A sua redenção tem um sentido social, porque "Deus, em Cristo, não redime somente a pessoa individual, mas também as relações sociais entre os homens". Confessar que o Espírito Santo

atua em todos implica reconhecer que Ele procura permear toda a situação humana e todos os vínculos sociais: "O Espírito Santo possui uma inventiva infinita, própria da mente divina, que sabe prover a desfazer os nós das vicissitudes humanas mais complexas e impenetráveis". A evangelização procura colaborar também com esta ação libertadora do Espírito. O próprio mistério da Trindade nos recorda que somos criados à imagem desta comunhão divina, pelo que não podemos realizar-nos nem salvar-nos sozinhos. A partir do coração do Evangelho, reconhecemos a conexão íntima que existe entre evangelização e promoção humana, que se deve necessariamente exprimir e desenvolver em toda a ação evangelizadora. A aceitação do primeiro anúncio, que convida a deixar-se amar por Deus e a amá-Lo com o amor que Ele mesmo nos comunica, provoca na vida da pessoa e nas suas ações uma primeira e fundamental reação: desejar, procurar e ter a peito o bem dos outros. (Francisco, 2013, n. 178)

As verdades do Evangelho apontam para uma fraternidade entre os seres humanos, chamados a serem em Cristo filhos de um mesmo Pai. Essa dimensão se reflete nos critérios de julgamento utilizados por Jesus: o que fazemos ao próximo, Ele considera como feito a Si mesmo e como julgamos o próximo é a medida com a qual Ele nos julgará.

Na concepção de Francisco, a ação caritativa da Igreja está essencialmente ligada à sua missão imperativa de "saída em encontro do outro". O Evangelho se direciona à concretização do Reino de Deus, que reina na sociedade na medida em que reina no coração das pessoas. Dessa forma, o Evangelho visa ao ser humano em sua dimensão integral, concreta, pessoal e social.

Com relação aos ensinamentos sociais da Igreja, o papa assinalou a necessidade de que esses princípios sejam promovidos de forma concreta e que os pastores se pronunciem sobre a promoção do bem social dos seres humanos. Contra a mentalidade secularista que visa relegar a religião ao âmbito privado, o pontífice asseverou que a fé autêntica não é individualista e contém um desejo de transmitir valores e melhorar o mundo.

Ao lembrar que a Igreja não tem o monopólio da interpretação das complexas realidades sociais, Francisco declarou a intenção de fazer breves considerações sobre apenas dois problemas sociais que considerou emblemáticos na sociedade atual: a **inclusão social dos pobres** e o **diálogo social**.

Com relação à **inclusão social dos pobres**, o papa lembrou que cada cristão é chamado a ser instrumento em favor da promoção da dignidade dos pobres. Também apontou que a ação em favor dos pobres se estende tanto à busca pelas soluções estruturais da pobreza quando à ação caritativa pessoal em socorro das necessidades mais imediatas. Para a promoção dos direitos dos pobres, o papa recuperou a importância do conceito de solidariedade:

> A solidariedade é uma reação espontânea de quem reconhece a função social da propriedade e o destino universal dos bens como realidades anteriores à propriedade privada. A posse privada dos bens justifica-se para cuidar deles e aumentá-los de modo a servirem melhor o bem comum, pelo que a solidariedade deve ser vivida como a decisão de devolver ao pobre o que lhe corresponde. Estas convicções e práticas de solidariedade, quando se fazem carne, abrem caminho a outras transformações estruturais e tornam-nas possíveis. Uma mudança nas estruturas, sem se gerar novas convicções e atitudes, fará com que essas mesmas estruturas, mais cedo ou mais tarde, se tornem corruptas, pesadas e ineficazes. (Francisco, 2013, n. 189)

Nesse sentido, a inclusão social dos pobres é resultado de uma mudança de pensamento e de atitude para com os demais membros da sociedade. Essa ação solidária não deve se restringir à distribuição de alimentos, mas também à garantia de saúde, educação, trabalho e dignidade.

Com relação à paz social, o papa apontou que:

> A paz social não pode ser entendida como irenismo ou como mera ausência de violência obtida pela imposição de uma parte sobre as outras. Também seria uma paz falsa aquela que servisse como desculpa para justificar uma organização social que silencie ou tranquilize os mais pobres, de modo que aqueles que gozam dos maiores benefícios possam manter o seu estilo de vida sem sobressaltos, enquanto os outros sobrevivem como podem. As reivindicações sociais, que têm a ver com a distribuição das entradas, a inclusão social dos pobres e os direitos humanos não podem ser sufocados com o pretexto de construir um consenso de escritório ou uma paz efêmera para uma minoria feliz. A dignidade da pessoa humana e o bem comum estão por cima da tranquilidade de alguns que não querem renunciar aos seus privilégios. Quando estes valores são afetados, é necessária uma voz profética. (Francisco, 2013, n. 218)

Em primeiro lugar, a **verdadeira paz** é, portanto, consequência da justiça e do respeito à dignidade humana. A paz se constrói buscando uma ordem justa entre os homens, conforme o querer de Deus. Para essa autêntica construção da paz, o papa apontou quatro princípios:

1. **O tempo é superior ao espaço**: a perspectiva de longo prazo fixa em objetivos mais duradouros, sem esperar resultados imediatos.
2. **A unidade prevalece sobre o conflito**: a busca por um objetivo comum leva a superar as desavenças, sem anular a individualidade e a identidade de cada elemento envolvido.
3. **A realidade é mais importante do que a ideia**: a ideia deve servir para compreender e atuar na realidade, não para distorcê-la ou ocultá-la.
4. **O todo é superior à parte**: é necessário ampliar o olhar, vislumbrando um bem maior que será proveitoso a todos.

Para a consecução da paz e o êxito da evangelização, Francisco pôs em relevo a importância de uma cultura de diálogo. Esse diálogo, por parte da Igreja, deve se direcionar a três agentes:

1. **Os Estados:** sem imiscuir-se em soluções para questões específicas, a Igreja busca cooperar apresentando princípios e ações que estejam mais de acordo com a dignidade da pessoa humana.
2. **A razão e as ciências:** a Igreja busca acolher as inovações e descobertas científicas, contribuindo com a perene recordação da centralidade da dignidade da vida humana.
3. **Os crentes que não fazem parte da Igreja Católica:** aprender a aceitação do outro e contribuir para um intercâmbio de ideias, para a promoção da justiça e da paz.

O capítulo V da exortação trata da ação do Espírito Santo na evangelização. A respeito disso, o Papa Francisco acentuou que:

> Quando se diz de uma realidade que tem "espírito", indica-se habitualmente uma moção interior que impele, motiva, encoraja e dá sentido à ação pessoal e comunitária. Uma evangelização com espírito é muito diferente de um conjunto de tarefas vividas como uma obrigação pesada, que quase não se tolera ou se suporta como algo que contradiz as nossas próprias inclinações e desejos. Como gostaria de encontrar palavras para encorajar uma estação evangelizadora mais ardorosa, alegre, generosa, ousada, cheia de amor até ao fim e feita de vida contagiante! Mas sei que nenhuma motivação será suficiente, se não arde nos corações o fogo do Espírito. Em suma, uma evangelização com espírito é uma evangelização com o Espírito Santo, já que Ele é a alma da Igreja evangelizadora. Antes de propor algumas motivações e sugestões espirituais, invoco uma vez mais o Espírito Santo; peço-Lhe que venha renovar, sacudir, impelir a Igreja numa decidida saída para fora de si mesma a fim de evangelizar todos os povos. (Francisco, 2013, n. 261)

Evangelizar com o Espírito comporta uma dimensão contemplativa (rezar) e ativa (trabalhar). A oração, adoração e leitura da Palavra é o que dá significado à missão evangelizadora. Por outro lado, a caridade exige uma abertura para o outro, rejeitando uma espiritualidade excessivamente intimista.

> O papa também apontou que cada época tem suas dificuldades inerentes à ação evangelizadora e que o cristão deve aprender com os santos a transpor as vicissitudes de seu tempo.

Para ter um espírito evangelizador, Francisco acentuou a necessidade de uma dimensão contemplativa, de nutrir-se com o amor de Jesus no encontro pessoal com Ele por meio da oração. Ao perceber que Jesus responde às necessidades dos homens, o missionário pode se revestir com o entusiasmo indispensável à sua tarefa. A união com Jesus deve gerar uma unidade de objetivos e sentimentos com o Senhor; assim, a ação evangelizadora se deixará guiar por Deus, não por motivos pessoais.

O cristão precisa também se conscientizar da importância de ser povo de Deus, já que o amor ao próximo estreita a relação da pessoa com Deus, dado que um amor não subsiste sem o outro. A fé no Cristo ressuscitado e em sua ação na Igreja é a ferramenta que ajuda o missionário a transpor as dificuldades e a seguir firme em sua tarefa. Nesse sentido, é necessária também a confiança no Espírito Santo. Um último aspecto dessa dimensão sobrenatural é crer na intercessão, resultante da comunhão existente na Igreja: os homens podem interceder uns pelos outros na vida terrena e continuam contando com a intercessão de seus irmãos santos no céu.

Francisco concluiu sua exortação apontando Maria como grande exemplo de evangelizadora. Meditando sobre os misteriosos acontecimentos guiados por Deus em sua vida, ela se colocou sempre à disposição da vontade divina.

3.5 Repercussão da Evangelii Gaudium

O pontificado de Francisco ainda não está concluído. Porém, já transcorreram quase sete anos de seu pastoreio à frente da Sé Apostólica e da publicação de seu "programa de ação" na exortação *Evangelii Gaudium* e, assim, podemos tecer algumas considerações sobre a repercussão desse documento na Igreja.

A exortação gerou debates sobre as formas e os métodos de atuação da Igreja na sociedade contemporânea. As propostas de uma Igreja "em saída", com acentuado caráter missionário, menos centralizada e burocratizada, encontraram fortes ecos no clero e no laicato católicos. As proposições levantadas pela exortação foram somadas à recepção positiva que a mudança de gestos de Francisco para um modo de vida mais simples encontrou entre católicos e não católicos (Cavaca, 2014; Colletto, 2015; Góis, 2019).

A preocupação prática do Papa Francisco e seu olhar atento aos diferentes contextos, elementos presentes na *Evangelii Gaudium*, refletem-se nos anos seguintes de seu pontificado. Com efeito, em 2014, o pontífice mediou a retomada de relações diplomáticas entre os EUA e Cuba, apontando para a Igreja como elemento de promoção do diálogo e da "cultura do encontro" (Carletti, 2015; Pereira, 2014). Em 2018, Francisco fez um acordo entre a Santa Sé e o governo da República Popular da China (de índole comunista e com várias restrições à atuação da Igreja Católica) sobre buscar um maior consenso entre a Sé Apostólica e o governo chinês na nomeação dos bispos católicos. Esse acordo, entretanto, não foi bem recebido por muitos católicos chineses e foi criticado publicamente pelo cardeal Joseph Zen, de Hong Kong, pelo que foi repreendido pelo papa (Vatican News, 2018a; DomTotal, 2019; Meireles, 2018).

O Papa Francisco também presidiu três importantes sínodos, nos quais buscou trazer reflexões e propostas hauridas dos princípios contidos na *Evangelii Gaudium*: em 2015, abordando os desafios da Igreja na evangelização da família frente às transformações do mundo contemporâneo (Almeida, 2018; Lima, 2017; Binoti, 2017; Sínodo..., 2015a, 2015b; Francisco, 2016a); em 2018, buscando ouvir as aspirações, necessidades e expectativas dos jovens com relação à Igreja e sua missão (Frezzato, 2019; Sínodo..., 2018a, 2018b; Francisco 2018a); e, em 2019, um sínodo voltado a discutir a atuação da Igreja na região pan-amazônica (Suess, 2019; Sínodo..., 2019a, 2019b).

De maneira geral, podemos dizer que o pontificado de Francisco tem sido bem recebido na América Latina, promovendo uma renovação de alguns elementos da chamada *teologia da libertação* (embora o papa argentino se distancie dos aspectos ideológicos e das tendências marxistas que existiam em alguns ramos dessa corrente teológica no século passado). A preocupação com as questões sociais, em Francisco, é unida a uma visão querigmática de anúncio do Evangelho aliada com uma mística da vida de oração (Borghesi, 2018a, 2018b; Binoti, 2017; Cascante, 2015). Por outro lado, algumas questões que poderíamos chamar de "inovadoras", como a pastoral familiar proposta no capítulo VIII da exortação apostólica *Amoris Laetitia*, a nova redação sobre a pena da morte no Catecismo e alguns aspectos ligados ao Sínodo Amazônico enfrentam críticas e oposições de membros da hierarquia e do laicato católico, especialmente nos EUA, mas também em elementos dos continentes europeu, asiático e africano (*vide* Verdú, 2019; ACI Digital, 2016, 2019a, 2019b; Gaudium Press, 2019; Almeida, 2018).

Ressaltamos que o Papa Francisco é um crítico das ideologias, o que dificulta enquadrar seu pensamento nos tradicionais reducionismos políticos de "direita" e "esquerda" (O'Connell, 2017; Fernandes, 2014; Borghesi, 2018a, 2018b).

Entretanto, é necessário reconhecer que muitas das mudanças propostas pela exortação de Francisco ainda ocorrem de maneira lenta, dados os diferentes contextos em que a Igreja se insere, a existência de realidades e movimentos distintos e a própria estrutura burocrática das dioceses e paróquias, que muitas vezes também dificultam a dinâmica dessas mudanças. Com efeito, em muitas regiões, especialmente nas quais a Igreja está presente há mais tempo, permanece uma estrutura extremamente burocratizada em aspectos incidentais que estagnam a ação evangelizadora.

Síntese

Neste capítulo aprendemos sobre a exortação apostólica *Evangelii Gaudium*, publicada pelo Papa Francisco, em 2013, e conhecemos os principais dados biográficos de Jorge Bergoglio, especialmente suas influências intelectuais (da teologia europeia à teologia da cultura latino-americana). Vimos também os principais aspectos do pontificado de Francisco, marcado por uma grave crise demográfica resultante das migrações provocadas pelos conflitos no Oriente Médio, e também por uma busca por maior aproximação da Igreja em uma sociedade secularizada.

Vimos também que a *Evangelii Gaudium* buscou traçar um programa de atuação missionária da Igreja, apresentando diretrizes bastante práticas, partindo da ideia central de que a missão não é um simples proselitismo, mas o anúncio de forma alegre do rosto misericordioso e amoroso de Jesus Cristo.

Atividades de autoavaliação

1. Sobre a formação de Jorge Bergoglio, podemos afirmar que:
   a) Recebeu influências do marxismo e da teologia liberal.
   b) Recebeu influências de teólogos europeus e da teologia da cultura.
   c) Foi marcada pelo predomínio da teoria sobre a ação.
   d) Foi alheia aos grandes debates teológicos do século XX.
   e) Foi influenciada pelas ideologias políticas dos anos 1930 e 1940.

2. Sobre o pontificado de Francisco, podemos afirmar que:
   a) É marcado pela acentuada preocupação missionária.
   b) Tem transcorrido sem tensões na Cúria Romana.
   c) É caracterizado por um esvaziamento da figura do papa.
   d) Ocorre durante um período de diminuição de conflitos bélicos no mundo.
   e) É marcado pela acentuada preocupação doutrinária.

3. Sobre o contexto de produção da *Evangelii Gaudium*, podemos dizer que:
   a) Foi um período de acentuado crescimento do catolicismo na América Latina.
   b) Foi um período de recuperação da força política da Igreja na Europa.
   c) Foi um período de decréscimo do catolicismo no mundo ocidental.
   d) Foi um período de crescimento das igrejas evangélicas na Europa.
   e) Foi um período de enfraquecimento do secularismo no Ocidente.

4. Sobre a exortação apostólica *Evangelii Gaudium*, podemos afirmar que:
   a) Apresenta uma visão negativa das devoções populares.
   b) É puramente teórica, sem diretrizes práticas.
   c) Desconsidera a importância da doutrina na evangelização.
   d) Nega a importância do diálogo na ação missionária.
   e) Entende a missão como anúncio do encontro pessoal com Jesus.

5. Sobre a recepção da *Evangelii Gaudium*, podemos afirmar que:
   a) As ações propostas pela *Evangelii Gaudium* já são amplamente aplicadas na Igreja.
   b) Não houve ainda estudos teológicos debatendo os temas da *Evangelii Gaudium*.
   c) A persistência de uma mentalidade burocrática em setores da Igreja ainda dificulta a aplicação da *Evangelii Gaudium*.
   d) A *Evangelii Gaudium* foi o documento mais polêmico de Francisco, com ampla resistência na Cúria e no Episcopado.
   e) O Papa Francisco ainda não colocou na sua prática as diretrizes da *Evangelii Gaudium*.

Atividades de aprendizagem

Questões para reflexão

1. Leia os itens 98 a 101 e 226 a 230 da *Evangelii Gaudium* (Francisco, 2013) e responda: Como a exortação do papa pode nos ajudar a superar as divisões em nossas comunidades?

2. Leia os itens 34 e 39 da exortação *Evangelii Gaudium* (Francisco, 2013) e responda: Qual é o papel da doutrina na ação missionária?

Atividades aplicadas: prática

1. Leia os itens 76 a 109 da *Evangelii Gaudium* (Francisco, 2013) e identifique os principais obstáculos à ação missionária em sua comunidade. Com base nesse diagnóstico, trace metas concretas para superar os desafios identificados.

2. Leia o capítulo V da *Evangelii Gaudium* (Francisco, 2013) e formule três ações concretas para auxiliar a vida espiritual dos fiéis de sua comunidade.

4
Comparações entre os documentos

Neste último capítulo, pretendemos nos debruçar brevemente sobre aproximações e diferenças possíveis entre os documentos analisados nos capítulos anteriores. Nosso foco recairá especialmente sobre as concepções – teológicas, filosóficas, pastorais e sociais – que as norteiam.

Veremos que, apesar de terem linhas de pensamento e argumentação distintas, as mensagens dos três últimos papas convergiram no essencial: a dignidade do ser humano e o amor de Deus por nossa espécie. O cristianismo é uma relação do fiel com a própria pessoa de Jesus Cristo, e não apenas um conjunto de normas e teorias vazias.

4.1 As concepções teológicas

Embora exista na Igreja Católica uma unidade de doutrina – oriunda de uma **revelação divina** (que é composta das Sagradas Escrituras, da Tradição e do Magistério da Igreja) –, podemos dizer que existem diferentes linhas teológicas. Lembremos que a teologia consiste no estudo racional com base na Revelação, tendo se consolidado como uma ciência com método próprio durante a Idade Média (Saranyana; Illanes, 1995; Rautmann, 2018). Assim, ao analisarmos as diferentes visões teológicas dos papas, não estamos necessariamente considerando diferentes concepções de doutrinas, mas, simplesmente, observando as diferentes linhas de raciocínio teológico que cada um dos pontífices utilizou para chegar a suas conclusões ou para sintetizar os ensinamentos oficiais da Igreja.

Do ponto de vista teológico, o pensamento de João Paulo II é fundamentado no mistério da cruz. Assim, o pontificado do papa polonês tendeu a realçar o sentido misterioso e indispensável do sofrimento na existência humana. Tal posicionamento se originou de dois fatos: a experiência da vida de Karol Wojtyła, testemunha de grandes opressões e injustiças por parte dos nazistas e dos comunistas contra seu povo, e sua aproximação com a teologia de São João da Cruz (Baptista, 2004; Cerqueira, 2014; Koller, 2017).

A centralidade da cruz de Cristo como chave para entender o drama do sofrimento humano se refletiu nas considerações da encíclica *Humanae Vitae* (Paulo VI, 1968). Esse texto imputa aos seres humanos carentes de saúde física ou mental, ou em estágio de desenvolvimento, o mesmo valor que é dado aos seres humanos em pleno uso das capacidades físicas e mentais.

É importante recordarmos novamente o fato de que esses ensinamentos foram vividos por João Paulo II em seu testemunho pessoal de resiliência e perseverança em meio às progressivas pioras de seu estado de saúde. Nesse gesto transparecia a humanidade do papa, unida à humanidade sofredora de Jesus.

A teologia de Bento XVI está centrada claramente na noção de que o cristianismo não é um conjunto de doutrinas ou normas, mas a relação do ser humano com a pessoa de Jesus Cristo (Brito, 2012; Koller, 2017; Rowland, 2013; Silva, 2009). Nesse sentido, a mensagem central transmitida na encíclica *Deus Caritas Est* (Bento XVI, 2005), de que Deus é o próprio Amor que se relaciona com o ser humano e o leva a comunicar esse amor aos seus semelhantes, expressa a convicção ratzingeriana de que toda a ação do cristão é uma consequência da sua relação com o amor de Deus.

Com relação a esse aspecto, podemos acrescentar mais uma observação: o pensamento de Bento XVI está bem distante da imagem intolerante que a mídia criou a respeito dele. O papa alemão não acreditava na eficácia da violência ou da imposição na transmissão da Verdade. A Verdade deveria se propagar, dentro da concepção do papa, como consequência do amor.

No pensamento do Papa Francisco, por sua vez, podemos identificar duas grandes influências teológicas. Uma delas está ligada às ideias da Escola de Tubinga e a outra à chamada *teologia da cultura* ou *teología del pueblo*.

> Das ideias da Escola de Tubinga, Bergoglio herdou a concepção da Igreja como *complexio oppositorum*, ou seja, como uma tensão entre duas forças opostas: espiritualização e encarnação. Nesse sentido, o objetivo da Igreja seria manter o equilíbrio entre os opostos, evitando os exageros e as polarizações típicos dos processos políticos e ideológicos (Borghesi, 2018a, 2018b).

Da teologia da cultura, o jesuíta argentino adquiriu a noção de que a evangelização passa pelos hábitos e pelas visões culturais de um povo, para que este possa compreender corretamente a mensagem do Evangelho (Villas Boas, 2016).

Podemos observar que, na exortação apostólica *Evangelii Gaudium*, os dois elementos teológicos elencados aparecem claramente: a *complexio oppositorum* aparece na insistência do papa em combinar, na missão evangelizadora, oração e ação; a teologia do povo aparece nas considerações de Francisco sobre o aproveitamento da piedade popular e dos elementos culturais no anúncio do Evangelho.

Embora constem tônicas diferentes nos três documentos (até porque versam sobre temas distintos, que exigem diferentes abordagens), podemos perceber um elemento teológico comum: a noção de que a fé cristã é um encontro com a pessoa de Jesus Cristo. Embora essa ideia apareça mais desenvolvida na teologia ratzingeriana (especialmente na *Deus Caritas Est*), ela foi um tema constante nos papas do pós-concílio (Koller, 2017).

A *Evangelium Vitae* apresenta o encontro entre Deus e o homem proporcionado pelo mistério da encarnação de Cristo como a alegria central do chamado *evangelho da vida*. A *Evangelii Gaudium*, por sua vez, coloca a pessoa de Jesus e seu amor salvador como elementos centrais do anúncio evangelizador.

4.2 As concepções filosóficas

Ainda que, ao longo da história, diferentes autores tenham divergido sobre o significado do termo *filosofia*, podemos sintetizar que se trata de uma busca que visa investigar o sentido e a finalidade das coisas, da existência, da vida humana, bem como seus valores (Abbagnano, 2007;

Reale; Antiseri, 2003; Marías, 2004; 1966). Para os cristãos, a filosofia também foi vista sempre como um modo de vida, de forma que, muito cedo, os cristãos buscaram dialogar com a filosofia grega para formularem seus conceitos e apresentarem sua doutrina perante o mundo pagão. De igual forma, a Igreja, ao longo de sua história, foi se apropriando de conceitos e métodos da filosofia para ajudar na reflexão teológica e na sistematização de sua mensagem (Veyne, 2011; Diehl, 2018; 2019; Vieira, 2019; Lezenweger et al., 2006).

Nesse sentido, podemos dizer que a Igreja não adota uma única corrente filosófica, tendo diferentes autores da Igreja se utilizado de concepções e metodologias filosóficas diversas, de acordo com seus contextos de formação e os públicos que visavam atingir. Sendo assim, buscamos observar aqui quais são as concepções filosóficas que se encontram por trás das ideias dos três últimos papas até o presente momento.

A filosofia inerente à obra de Karol Wojtyła é o **personalismo** (embora sua ética também dialogue bastante com o **tomismo**). Wojtyła entrou em contato com tais ideias durante seu período universitário (Baptista, 2004; Cerqueira, 2014).

Percebemos esses dois elementos na *Evangelium Vitae* (João Paulo II, 1995). Da reflexão tomista, o papa demonstra que as leis iníquas contra a vida não têm força de lei; da reflexão personalista, ele tira os argumentos para demonstrar a dignidade intrínseca de todo ser humano desde sua concepção.

No caso de Joseph Ratzinger, sua filosofia é predominantemente **platônica** e **agostiniana**. Ela parte da dimensão interior do ser humano para, então, analisar seu relacionamento com Deus.

Algumas dessas concepções resultam do pouco entusiasmo que Ratzinger teve pelo neotomismo nos tempos de seminário (Alves, 2008; Alves; Refkalefsky, 2007; Brito, 2012; Rowland, 2013). Notamos também essas concepções na *Deus Caritas Est* (Bento XVI, 2005) por meio das considerações que o autor faz sobre o amor, baseadas na experiência interior do ser humano.

Sobre Jorge Bergoglio, podemos considerar que suas concepções filosóficas estão atreladas aos mesmos pressupostos de sua formação teológica, já antes explanados. Trata-se da **tensão entre opostos** na Igreja, manifestada também no interior do ser humano, bem como a **necessidade de o ser humano se desenvolver e se comunicar** dentro de um determinado sistema cultural (Villas Boas, 2016; Borghesi, 2018a, 2018b).

A respeito das concepções filosóficas mencionadas, observamos uma maior diferenciação entre os autores dos três documentos. Isso denota a formação diversificada dos três papas e, também, a possibilidade de diferentes correntes filosóficas dialogarem com a teologia católica.

4.3 As concepções pastorais

Expressão influenciada pela ideia do pastor de ovelhas do Antigo Testamento, analogia recuperada por Jesus nos Evangelhos (Melo, 1996), o conceito de **pastoral** está ligado à ação da Igreja. Conforme aponta Szentmártoni (2004, p. 11), a teologia pastoral pode ser definida como "reflexão teológica sobre o conjunto das atividades com as quais a Igreja se realiza, com a finalidade de definir como essas atividades deveriam ser desenvolvidas, levando em consideração a natureza da Igreja, sua situação atual e a do mundo".

Dessa forma, podemos sintetizar que a teologia pastoral propõe meios e métodos de ação para a Igreja, partindo da observação e da atuação em meio a contextos, locais e épocas específicas (Melo, 1996;

Szentmártoni, 2004; Balsan, 2018). Dada sua dimensão mais prática, é natural que o aspecto pastoral seja aquele elemento no qual podemos vislumbrar maiores diferenças entre um papa e outro, já que a pastoralidade é fortemente influenciada pelas experiências pessoais que cada pastor da Igreja vivencia junto ao rebanho que o Senhor lhe confiou.

Dos três documentos analisados, somente a exortação *Evangelii Gaudium* (Francisco, 2013) é propriamente um texto de caráter eminentemente pastoral, sendo as outras duas encíclicas abordadas nesta obra de acentuação mais teórica e doutrinal. Entretanto, podemos observar que esses dois documentos apresentam nítidas preocupações pastorais.

Podemos notar, na *Evangelium Vitae*, a convicção de João Paulo II de que a defesa da vida por parte da Igreja não se reduz apenas a uma condenação ao aborto, à eutanásia, à contracepção e a outras práticas, mas comporta uma dimensão ativa e afirmativa de promoção da vida humana, por meio da ajuda aos necessitados, da doação ao próximo, da aceitação generosa dos filhos, da formação e do cultivo de uma sexualidade sadia etc. Outro ponto que revela a sensibilidade pastoral do papa polonês é sua mensagem de misericórdia e conversão dirigida às mulheres que já cometeram aborto.

Bento XVI apontou algumas características pastorais na segunda parte da *Deus Caritas Est*, quando assinalou algumas diretrizes para a ação caritativa da Igreja, insistindo que ela dever ser plasmada no amor de Deus e ser feita de forma gratuita, sem proselitismo.

Por fim, a *Evangelii Gaudium* apresenta um amplo programa pastoral (em grande parte, um reflexo das experiências pessoais de Bergoglio na Igreja da Argentina), o qual expressa como preocupação central que a Igreja não fique fechada, mas fiel à sua vocação missionária, que saia ao encontro das pessoas, levando o anúncio da boa nova do amor e da salvação oferecidas por Cristo.

Embora propondo diferentes estratégias, podemos aventar nos três documentos um elemento pastoral comum: a preocupação de que a pessoa de Jesus Cristo, seu amor e sua misericórdia sejam o centro da ação da Igreja.

4.4 A questão social

De forma mais estrita, considera-se que a Igreja passou a abordar a "questão social" elaborando uma "doutrina social" desde o século XIX (no que concerne ao magistério, com a encíclica *Rerum Novarum*, de Leão XIII, em 1891), quando leigos e clérigos se viram na necessidade de analisar as graves mazelas sociais oriundas das transformações geradas pela Revolução Industrial e propor respostas a elas (Diehl, 2018; Menegatti, 2018; Ramalhete, 2017). Entretanto, de uma forma mais abrangente, podemos dizer que a Igreja, em sua reflexão moral e em suas obras de caridade, sempre se preocupou com questões sociais, mesmo antes de desenvolver um ramo próprio de sua doutrina para tratar desse tema de forma mais específica (Diehl, 2018; Menegatti, 2018).

Com o *aggiornamento* do Concílio Vaticano II, a Igreja passou a se envolver ainda mais em questões sociais (Diehl, 2018; 2019; Menegatti, 2018). Apesar disso, é importante lembrarmos que a doutrina social da Igreja não é uma receita pronta de um modelo político, econômico e social perfeito e aplicável a quaisquer contextos, mas, antes, um conjunto de princípios morais para nortear as ações políticas, econômicas e sociais.

Assim, nesses temas há bastante liberdade de opinião entre os católicos, exceto em relação aos casos de ideologias que foram explicitamente condenadas pela Igreja – como o fascismo, nazismo, socialismo, comunismo e liberalismo (Diehl, 2018). Por isso, é natural que a tônica das preocupações sociais possa mudar de um papa para outro, especialmente se considerarmos o contexto da passagem do século XX para o século XXI, em que as transformações ocorrem de forma cada vez mais rápida.

Os três documentos que analisamos versam sobre questões que não são diretamente sociais. Porém, podemos encontrar algumas concepções subjacentes a esse assunto nos referidos textos.

No caso da *Evangelium Vitae*, João Paulo II reconheceu que a injustiça entranhada nas estruturas sociais e nos sistemas políticos e econômicos favorece a perpetração da "cultura da morte". Para tanto, o papa assinalou a necessidade de os cristãos se engajarem nos problemas sociais como uma das maneiras de se promover a "cultura da vida".

Para a análise de Bento XVI, na *Deus Caritas Est*, a busca por resolver as injustiças sociais caminha lado a lado com a preocupação da caridade em atuar nas necessidades mais imediatas de cada ser humano concreto. Nesse sentido, a questão social não é somente algo abstrato ou uma resolução de um problema técnico ou estrutural, mas a preocupação em ir ao encontro de cada pessoa necessitada. Focar a questão social tendo como único objetivo a construção de um sistema mais justo acaba, muitas vezes, por negligenciar o fato de que no tempo presente existem necessitados a serem ajudados antes que os problemas estruturais da questão social se resolvam em um plano mais abrangente.

Com relação às reflexões contidas na exortação *Evangelii Gaudium*, Francisco apontou o envolvimento dos cristãos nos problemas sociais como consequência de suas ações evangelizadoras. Estas visam atingir o ser humano em todas as suas dimensões.

Podemos observar aqui, como elemento comum aos três pontificados, a existência da convicção de que o amor cristão para com o ser humano se estende não só à dimensão espiritual (levar o homem à comunhão com Deus), mas também aos diferentes âmbitos da vida material, indo ao encontro das necessidades do próximo. João Paulo II, Bento XVI e Francisco chegam, por focos distintos, à mesma mensagem: a preocupação social é consequência lógica do agir cristão, que não dissocia o amor a Deus do amor ao próximo. Naturalmente, cada pontificado teve seus problemas mais urgentes, o que fez com que a argumentação ou a tônica de cada papa fosse um pouco diferente.

Síntese

Neste capítulo, vimos as diferentes concepções teológicas, filosóficas, pastorais e sociais presentes nos documentos *Evangelium Vitae*, *Deus Caritas Est* e *Evangelii Gaudium*. No âmbito teológico, as influências partem de São João da Cruz, para João Paulo II; da noção de encontro pessoal com Jesus, para Bento XVI; e da teologia da cultura e da Escola de Tubinga, para Francisco. O papa polonês tinha uma filosofia personalista, enquanto o papa alemão tinha uma filosofia mais platônico-agostiniana. O papa argentino tem uma filosofia mais prática, influenciada por sua teologia.

Por fim, nas questões sociais e pastorais percebemos a sensibilidade de João Paulo II em observar a influência das injustiças sociais na cultura da morte e a necessidade de ações sociais para a promoção do Evangelho da vida. Bento XVI relembrou a dimensão caritativa, mostrando que a questão social não é algo abstrato, mas o ir ao encontro das pessoas concretas e de suas necessidades. Francisco apresenta o envolvimento social do cristão como consequência da ação missionária, sair de si mesmo ao encontro do outro.

Mesmo em documentos com temáticas diferentes, podemos encontrar convergências de ideias, o que reforça a tese de que o cristão precisa ter unidade de vida, testemunhando sua fé em todas as dimensões de sua existência e seu convívio.

Atividades de autoavaliação

1. Sobre a doutrina da Igreja e o pensamento dos três papas estudados, podemos dizer que:
   a) Esses papas apresentam uma unidade teológica, reflexo da unidade de doutrina da Igreja.
   b) A Igreja adota diferentes teologias, porque sua doutrina é diversa.
   c) Esses papas seguem diferentes teologias, mas uma mesma doutrina.
   d) A teologia não é um esforço racional, pois se baseia na Revelação.
   e) A doutrina da Igreja é expressa pelos mesmos raciocínios por todos os papas.

2. Sobre as concepções teológicas de João Paulo II, Bento XVI e Francisco, podemos afirmar que:
   a) Francisco segue a teologia da cultura.
   b) Bento XVI se inspira em São João da Cruz.
   c) João Paulo II adota a teologia agostiniana.
   d) Os três papas não têm bases teológicas em comum.
   e) A Escola de Tubinga influenciou Bento XVI.

3. A respeito das concepções filosóficas de João Paulo II, Bento XVI e Francisco, podemos afirmar que:
   a) A filosofia de João Paulo II é platônica e personalista.
   b) Bento XVI segue uma filosofia neotomista.
   c) Francisco segue uma filosofia agostiniana.
   d) As noções filosóficas de Francisco provêm das suas bases teológicas.
   e) A concepção filosófica de Francisco desconsidera a base cultural.

4. Sobre as concepções pastorais de João Paulo II, Bento XVI e Francisco, podemos afirmar que:
   a) Bento XVI foca sua pastoral na ação proselitista da Igreja.
   b) A pastoral de Francisco se pauta na ideia de uma Igreja centralizada.
   c) A pastoral de João Paulo II é focada na ação missionária.
   d) A pastoral de Bento XVI é focada na ação social.
   e) João Paulo II considera que a defesa da vida deve ser ativa e não apenas teórica.

5. A respeito da questão social nos pensamentos de João Paulo II, Bento XVI e Francisco, podemos afirmar que:
   a) Para Bento XVI, a questão social é apenas estrutural.
   b) Para Francisco, a fé cristã é consequência da ação social.
   c) João Paulo II negou a influência das questões sociais na cultura da morte.
   d) Para Bento XVI, a caridade se contrapõe à ação social.
   e) Para Francisco, a ação social é consequência da missão da Igreja.

Atividades de aprendizagem

Questões para reflexão

1. Leia o texto a seguir:

   > Entendo por doutrina o suficiente conhecimento que cada fiel deve ter da missão total da Igreja e da peculiar participação, e consequente responsabilidade específica, que corresponde a ele nessa missão única. [...] As possibilidades e as modalidades legítimas em que essa opinião dos fiéis pode se manifestar são muito variadas, e não parece que se possam ou devam *espartilhar*, criando um novo ente ou instituição. E menos ainda se se tratasse duma instituição que corresse o perigo – tão fácil – de chegar a ser monopolizada ou instrumentalizada por um grupo ou grupinho de católicos

oficiais, qualquer que fosse a tendência ou orientação em que essa minoria se inspirasse. Isto poria em perigo o próprio prestígio da Hierarquia e soaria a falso para os restantes membros do Povo de Deus. (Escrivá, 2020b, grifo do original)

Com base nos temas abordados neste capítulo e nessa citação, reflita: Você sabe separar a doutrina da Igreja de suas opiniões pessoais? Você busca impor suas soluções sempre nas suas atuações como cristão e cidadão, mesmo havendo outras opiniões e soluções legítimas e em conformidade com o que é pregado pela Igreja? Faça um pequeno texto de 5 a 10 linhas sintetizando suas reflexões.

2. Leia o texto a seguir:

> "Aconfessionalismo. – Neutralidade. – Velhos mitos que tentam sempre remoçar.
>
> Tens-te dado ao trabalho de meditar no absurdo que é deixar de ser católico ao entrar na Universidade, ou na Associação profissional, ou na sábia Academia, ou no Parlamento, como quem deixa o chapéu à porta?". (Escrivá, 2020a)

Vimos neste capítulo como a reflexão dos papas perpassou por vários temas distintos, mas sempre sob o eixo do Evangelho de Jesus Cristo. Faça um exame de consciência: Você busca a unidade de vida, procurando se comportar como cristão em todos os ambientes e com todas as pessoas do seu cotidiano? Redija dois tópicos que possam lhe ajudar a viver melhor esse propósito.

Atividades aplicadas: prática

1. Faça uma pesquisa com um familiar, um membro de sua paróquia e algum colega de trabalho sobre a opinião que eles têm sobre os papas João Paulo II, Bento XVI e Francisco, bem como sobre as fontes pelas quais essas pessoas se informam sobre os referidos

pontífices. Faça um quadro comparando as opiniões coletadas com os atos e ideias presentes em cada um dos três pontificados.

2. Faça uma pesquisa na internet e em jornais buscando observar as comparações feitas pela mídia entre os três últimos papas. Observe se essas visões se coadunam com os fatos históricos ou não.

Considerações finais

João Paulo II, Bento XVI e Francisco, apesar das diferenças de idade, presenciaram em parte um contexto histórico comum: o desenvolvimento tecnológico do século XX, os efeitos negativos de suas ideologias e a interminável busca do ser humano pela paz e pelo sentido de sua existência, dramas que se tornam cada vez mais intensos com o desenrolar do século XXI. Esses três homens viram seu papel neste mundo associado a uma vocação comum – o sacerdócio ministerial – e foram providencialmente conduzidos, ao longo de suas trajetórias, à Cátedra de São Pedro. Vocação esta última que, muitas vezes, distanciou-se dos planos que esses homens haviam traçado inicialmente: o talento de Wojtyła para o teatro e as letras; o desejo do acadêmico Ratzinger em terminar seus dias como professor; os estudos de química do jovem Bergoglio... Como aqui não nos lembrarmos da profecia de Jesus a Pedro: "Em verdade, em verdade te digo: quando eras mais moço, cingias-te e andavas aonde querias. Mas, quando fores velho, estenderás as tuas mãos, e outro te cingirá e te levará para onde não queres" (Jo 21,18). Vimos nestas páginas que os papas buscaram se pronunciar em nome da Igreja sobre problemas que se destacavam em seus pontificados, lançando bases para o Magistério. Entretanto, mesmo se expressando de forma oficial em nome da Igreja – e não como teólogos ou filósofos em privado –, os papas se utilizaram de suas ideias e de suas formações específicas como arcabouço para construírem seus argumentos.

Diante do crescimento da promoção teórica, científica e política de atentados contra a vida humana – sob um discurso humanitário –, na segunda metade do século XX, o Papa João Paulo II se utilizou de sua experiência sob o domínio de regimes totalitários e de suas reflexões teóricas para proclamar a inviolabilidade e o valor da vida humana na encíclica *Evangelium Vitae*, em 1995. O "Evangelho da vida" se traduziu na própria vida física do papa: suportando as doenças e fragilidades até o final de seu pontificado, testemunhava o valor da vida humana independentemente de seu estado de saúde (física ou psicológica). Infelizmente, o próprio pontífice viu o século XXI adentrar na continuidade de muitas das violações à dignidade humana que ele mesmo havia apontado. Todavia, também muitos cristãos e homens de boa vontade em geral se engajaram em obras concretas em defesa da vida, inspirados pelo papa polonês.

No primeiro ano de seu pontificado, Bento XVI – cuja imagem na mídia era associada à intolerância, devido ao cargo que ocupou na Congregação para a Doutrina da Fé – publicou uma encíclica sobre o tema do amor de Deus, justamente em uma década ainda traumatizada pelo atentado terrorista de 11 de setembro de 2001, quando muitos movimentos associavam o nome de Deus ao ódio e à intolerância. Nessa encíclica, o papa alemão emprestou seus talentos de professor acadêmico para refletir sobre a grandeza e a imperatividade do amor na vida do cristão. Um amor que não é sentimentalismo nem pura teoria, mas uma relação do ser humano com Deus e com seu próximo. Preocupado com o secularismo, Bento XVI buscou dedicar grande parte de seu pontificado a aprofundar a formação cristã e a resgatar o sentido de sagrado. Diante das complicadas políticas da Cúria Romana, acabou renunciando em 2013, retirando-se para uma vida de oração – tema esse que sempre esteve muito presente em seus ensinamentos.

O ano de 2013 surpreendeu a Igreja e todo o mundo com a eleição do primeiro papa latino-americano. Francisco trouxe uma nova visão eclesiológica e sua larga experiência pastoral de um trato muito próximo com os fiéis (especialmente os mais pobres) para propor uma renovação missionária da Igreja. Em um mundo em que a tecnologia e o consumismo tendem a ampliar o individualismo, o comodismo e o isolamento, o papa argentino proclamou que o cristão deve ser um agente alegre e corajoso, saindo de si para ir ao encontro do outro.

Enquanto não finda o século XXI, é difícil conjecturarmos sobre todos os impactos que esses ensinamentos e esses três pontificados exerceram (e exercem) sobre a Igreja e o mundo. Talvez muitas das propostas levem ainda vários anos para se consolidarem na vida da Igreja.. Certo é que, contudo, com esses três papas podemos aprender valiosos exemplos e ensinamentos para darmos testemunhos em nossa vida como cristãos.

Referências

ABBAGNANO, N. **Dicionário de filosofia**. 5. ed. São Paulo: Martins Fontes, 2007.

ACI DIGITAL. **Dom Azcona: é "alarmante" a ausência de Cristo Crucificado no Instrumentum Laboris do Sínodo**. 30 ago. 2019a. Disponível em: <https://www.acidigital.com/noticias/dom-azcona-e-alarmante-a-ausencia-de-cristo-crucificado-no-instrumentum-laboris-do-sinodo-56004>. Acesso em: 21 jan. 2020.

_____. **Dom Azcona adverte sobre significado de estátua da mãe terra no Sínodo da Amazônia**. 28 out. 2019b. Disponível em: <https://www.acidigital.com/noticias/dom-azcona-adverte-sobre-significado-de-estatua-da-mae-terra-no-sinodo-da-amazonia-64802>. Acesso em: 21 jan. 2020.

_____. **4 Cardeais pedem ao Papa Francisco que esclareça alguns pontos da Amoris Laetitia**. 14 nov. 2016. Disponível em: <https://www.acidigital.com/noticias/4-cardeais-pedem-ao-papa-francisco-que-esclareca-alguns-pontos-da-amoris-laetitia-13357>. Acesso em: 21 jan. 2020.

AGNUS DEI. **Documentos da Igreja**: documentos pontifícios. Disponível em: <http://agnusdei.50webs.com/div339.htm>. Acesso em: 21 jan. 2020.

ALBUQUERQUE, F. D. A. A ética personalista de Karol Wojtyla: uma tensão entre Scheler e Kant. **Mimesis**, Bauru, v. 37, n. 1, p. 7-20, 2016.

_____. A questão do pudor sob a visão personalista de Karol Wojtyla na obra Amor e Responsabilidade. **Dialogando**, Quixadá, v. 2, n. 3, jan./jun. 2017.

ALMEIDA, J. R. Amoris Laetitia: reflexões sobre o capítulo VIII. **Encontros Teológicos**, v. 33, n. 2, maio-ago. 2018, p. 371-388.

ALVES, A. T.; ROCHA, E. A. da. A Igreja no pensamento do cardeal Joseph Ratzinger: uma proposta para a eclesiologia. **Rhema**, v. 15, n. 48/49/50, p. 109-121, 2011.

ALVES, B. V. de O. **Comunicação e tradição em Bento XVI**. 116 f. Monografia (Trabalho de Conclusão de Curso em Comunicação Social – Jornalismo) – Universidade Federal do Rio de Janeiro, Rio de Janeiro, 2008.

ALVES, B. V. de O.; REFKALEFSKY, E. De Ratzinger a Bento XVI: comunicação religiosa, tradição e modernidade na Igreja Católica Apostólica Romana. In: CONGRESSO BRASILEIRO DE CIÊNCIAS DA COMUNICAÇÃO DA REGIÃO SUDESTE, 12., 2007, Juiz de Fora. **Anais...** Juiz de Fora: Intercom, 2007. Disponível em: <http://www.intercom.org.br/papers/regionais/sudeste2007/resumos/R0236-1.pdf>. Acesso em: 21 jan. 2020.

ALVES, F. L. **A eclesiologia latino-americana como acolhimento criativo do Vaticano II**: um caminho para uma nova recepção da herança conciliar. 173 f. Dissertação (Mestrado em Teologia) – Pontifícia Universidade Católica do Rio de Janeiro, Rio de Janeiro, 2011.

ANDRADE, A. R. de. **Veritatis Splendor e Evangelium Vitae (1993-1995)**: arcabouços do pontificado de João Paulo II. 107 f. Dissertação (Mestrado em História) – Universidade Estadual Paulista, Assis, 2006.

AQUINO, F. Por que o Papa Francisco alterou o Catecismo sobre pena de morte? **Cléofas**, 9 dez. 2019. Disponível em: <https://cleofas.com.br/por-que-o-papa-francisco-alterou-o-catecismo-sobre-pena-de-morte>. Acesso em: 21 jan. 2020.

_____. Quais os documentos o papa usa e qual a diferença entre eles? **Cléofas**, 9 abr. 2018. Disponível em: <https://cleofas.com.br/quais-os-documentos-que-o-papa-usa-e-qual-a-diferenca-entre-eles>. Acesso em: 21 jan. 2020.

ARARUNA, A. B. **As três fontes da Revelação Divina para a Igreja**. Disponível em: <http://diocesedecrato.org/as-tres-fontes-da-revelacao-divina-para-a-igreja-2>. Acesso em: 21 jan. 2020.

ARAÚJO JÚNIOR, G. M. de A. A fé e a razão nos discursos de Bento XVI. **De Magistro de Filosofia**, Anápolis, v. 7, n. 14, 2014.

ARQUIDIOCESE DO RIO DE JANEIRO. **O que é uma encíclica?** 18 jun. 2015. Disponível em: <http://arqrio.org/noticias/detalhes/3243/o-que-e-uma-encíclica>. Acesso em: 21 jan. 2020.

ASSUNÇÃO, R. A. de. **O "espírito" da modernidade na visão de Joseph Ratzinger--Bento XVI**. 320 f. Tese (Doutorado em Sociologia Política) – Universidade Federal de Santa Catarina, Florianópolis, 2016.

AZCUY, V. R. La "trama interna" de Evangelii Gaudium: ensayo sobre la fuerza de la espiritualidad evangelizadora. **Perspectiva Teológica**, Belo Horizonte, v. 46, n. 130, p. 407-432, set./dez. 2014.

AZEVEDO, D. Desafios estratégicos da Igreja Católica. **Lua Nova**, São Paulo, n. 60, p. 57-79, 2003.

BALSAN, L. **Teologia pastoral**. Curitiba: InterSaberes, 2018.

BAPTISTA, I. M. A. **Fenomenologia e sentido da sexualidade humana no magistério de João Paulo II**. 272 f. Dissertação (Mestrado em Filosofia) – Universidade do Minho, Braga, 2004.

BARROS, J. D'A. A fonte histórica e seu lugar de produção. **Cadernos de Pesquisa do CDHIS**, Uberlândia, v. 25, n. 2, p. 407-429, jul./dez. 2012a.

_____. Fontes históricas: revisitando alguns aspectos primordiais para a Pesquisa Histórica. **Mouseion**, n. 12, p. 129-159, maio/ago. 2012b.

BENTO XVI, Papa. **Deus Caritas Est**. Roma, 25 dez. 2005. Disponível em: <http://w2.vatican.va/content/benedict-xvi/pt/encyclicals/documents/hf_ben-xvi_enc_20051225_deus-caritas-est.html>. Acesso em: 21 jan. 2020.

BESEN, J. A. Evangelii Gaudium, Lumen Fidei: a alegria do Evangelho é a luz da fé – interpelações do Papa Francisco para a Igreja de hoje. **Encontros Teológicos**, v. 29, n. 67, p. 151-171, 2014.

BETTENCOURT, E. A Igreja está falando sozinha. **Pergunte e responderemos**, n. 391, dez. 1994a. Disponível em: <http://www.pr.gonet.biz/kb_read.php?pref=htm&num=138>. Acesso em: 21 jan. 2020.

_____. Bebês para queimar. **Pergunte e responderemos**, n. 380, jan. 1994b. Disponível em: <http://www.pr.gonet.biz/kb_read.php?pref=htm&num=951>. Acesso em: 21 jan. 2020.

_____. Escandinávia: o bem-estar que não satisfaz. **Pergunte e responderemos**, n. 349, jun. 1991. Disponível em: <http://www.pr.gonet.biz/kb_read.php?pref=htm&num=650>. Acesso em: 21 jan. 2020.

_____. Eutanásia voluntária e eutanásia involuntária. **Pergunte e responderemos**, n. 373, jun. 1993. Disponível em: <http://www.pr.gonet.biz/kb_read.php?pref=htm&num=745>. Acesso em: 21 jan. 2020.

_____. O Evangelho da Vida. **Pergunte e responderemos**, n. 399, ago. 1995. Disponível em: <http://www.pr.gonet.biz/kb_read.php?pref=htm&num=306>. Acesso em: 21 jan. 2020.

_____. O relatório Kissinger e os países em desenvolvimento. **Pergunte e responderemos**, n. 526, abr. 2006. Disponível em: <http://www.pr.gonet.biz/kb_read.php?pref=htm&num=1612>. Acesso em: 21 jan. 2020.

BIANCHINI, W. C. **A alegria do Evangelho e a eclesiologia do povo de Deus**. 114 f. Dissertação (Mestrado em Teologia) – Pontifícia Universidade Católica do Rio Grande do Sul, Porto Alegre, 2015.

BÍBLIA (Novo Testamento). João. Português. **Bíblia Católica**. cap. 21, vers. 18. Disponível em: <https://www.bibliacatolica.com.br/biblia-ave-maria/sao-joao/21>. Acesso em: 21 jan. 2020.

BINOTI, J. J. **Catolicismo atual**: a teologia da libertação e a linha pastoral do Papa Francisco. Dissertação (Mestrado em Ciências das Religiões) – Faculdade Unida de Vitória, Vitória, 2017.

BORGHESI, M. **Jorge Mario Bergoglio**: uma biografia intelectual. Petrópolis: Vozes, 2018a.

_____. O pensamento de Jorge Mario Bergoglio: os desafios da Igreja no mundo contemporâneo. **Cadernos Teologia Pública**, v. 15, n. 132, ano 15, p. 1-21, 2018b.

BRIGHENTI, A. Documento de Aparecida: o texto original, o texto oficial e o Papa Francisco. **Revista Pistis & Praxis: Teologia e Pastoral**, Curitiba, v. 8, n. 3, p. 673-713, set./dez. 2016.

BRITO, A. D. da S. **Pensamento de Bento XVI nas suas Cartas Encíclicas**. 78 f. Dissertação (Mestrado em Teologia) – Universidade Católica Portuguesa, Braga, 2012.

CABRAL, B. F. Precedentes sobre a prática de aborto no direito norte-americano de 1973 a 2007. **Jus Navigandi**, Teresina, v. 14, n. 2224, 3 ago. 2009. <https://jus.com.br/artigos/13256>. Acesso em: 21 jan. 2020.

CAMPOS, H. A., MARQUES, R. M. **A pena capital e as mudanças no catecismo católico**. 2018. Disponível em: <https://www.iessa.edu.br/revista/index.php/jornada/article/view/804/347>. Acesso em: 21 jan. 2020.

CARLETTI, A. Do centro às periferias: o deslocamento ideológico da diplomacia da Santa Sé com o Papa Francisco. **Austral: Revista Brasileira de Estratégia e Relações Internacionais**, v. 4, n. 7, jan./jun. 2015, p. 218-239.

CARVALHO, J. A evangelização na "Evangelii nuntiandi" e "Evangelii Gaudium". In: CONGRESSO ESTADUAL DE TEOLOGIA, 2., 2016, São Leopoldo. **Anais...** São Leopoldo: EST, 2016. p. 405-419. v. 2. Disponível em: <http://anais.est.edu.br/index.php/teologiars/article/view/535/415>. Acesso em: 21 jan. 2020.

CASCANTE, L. D. Aproximación a la teología de la liberación y al pontificado de Francisco I: una valoración desde la investigación crítica. **Rev. Filosofía Univ. Costa Rica**, v. 54, n. 140, p. 65-71, sept./dic. 2015.

CATECISMO DA IGREJA CATÓLICA. 1992. Disponível em: <http://www.vatican.va/archive/cathechism_po/index_new/prima-pagina-cic_po.html>. Acesso em: 21 jan. 2020.

CATHOLIC AUSTRALIA. **Deus Caritas Est**: Pope Benedict XVI. Disponível em: <https://www.catholicaustralia.com.au/pdf/papaldocuments/Deus%20Caritas%20Est.pdf>. Acesso em: 21 jan. 2020.

CAVA, R. D. A política atual do Vaticano na Europa Central e do Leste e o "paradigma brasileiro". **Lua Nova**, São Paulo, n. 27, p. 117-147, dez. 1992.

CAVACA, O. Uma eclesiologia chamada Francisco: estudo da eclesiologia do Papa Francisco a partir da Evangelii Gaudium. **Revista de Cultura Teológica**, São Paulo, v. 22, n. 83, jan./jun. 2014.

CELAM – Conselho Episcopal Latino-Americano. **Documento de Aparecida:** documento final – versão vaticana. 2007. Disponível em: <https://paroquia saopedropb.com.br/wp-content/uploads/2017/09/DOCUMENTO-DE-APARECIDA.pdf>. Acesso em: 21 jan. 2020.

CERQUEIRA, A. J. de. **O conceito de liberdade nos escritos magisteriais de João Paulo II em diálogo com a contemporaneidade.** 125 f. Dissertação (Mestrado em Teologia) – Faculdade Jesuíta de Filosofia e Teologia, Belo Horizonte, 2014.

CESSARIO, R. **The Encyclical Letter Deus Caritas Est**: Reception and Perspectives in the United States and Australia. Roma, 2015. Disponível em: <http://www.fondazioneratzinger.va/content/dam/fondazioneratzinger/contributi/Conferenza%20Cessario%20ENG.pdf>. Acesso em: 21 jan. 2020.

CNBB-Sul 1 – Conferência Nacional dos Bispos do Brasil – Regional Sul 1. **Contextualização da defesa da vida no Brasil**: como foi planejada a introdução da cultura da morte no país. 2010. Disponível em: <https://img.cancaonova.com/noticias/pdf/277603_ContextualizacaoDaDefesaDaVidaNoBrasil-RegionalSulI.pdf>. Acesso em: 21 jan. 2020.

COLLETTO, R. M. de P. **A *Gaudium et Spes* e a *Evangelii Gaudium***: um estudo comparativo na perspectiva da conversão pastoral. 148 f. Dissertação (Mestrado em Teologia) – Pontifícia Universidade Católica do Rio Grande do Sul, Porto Alegre, 2015.

CONCÍLIO VATICANO II. **Constituição Pastoral Gaudium et Spes**: sobre a Igreja no mundo atual. Roma, 7 dez. 1965. Disponível em: <http://www.vatican.va/archive/hist_councils/ii_vatican_council/documents/vat-ii_const_19651207_gaudium-et-spes_po.html>. Acesso em: 21 jan. 2020.

CONGREGAÇÃO PARA A DOUTRINA DA FÉ. **Carta aos Bispos a respeito da nova redação do n. 2267 do Catecismo da Igreja Católica sobre a pena de morte.** 2018. Disponível em: <http://press.vatican.va/content/salastampa/it/bollettino/pubblico/2018/08/02/0556/01210.html#letterapo>. Acesso em: 21 jan. 2020.

CONGREGAÇÃO PARA A DOUTRINA DA FÉ. **Instrução Dignitas Personae:** sobre algumas questões de bioética. Roma, 2008. Disponível em: <http://www.vatican.va/roman_curia/congregations/cfaith/documents/rc_con_cfaith_doc_20081208_dignitas-personae_po.html>. Acesso em: 21 jan. 2020.

_____. Nota doutrinal sobre algumas questões relativas à participação e comportamento dos católicos na vida política. Roma, 2002. Disponível em: <http://www.vatican.va/roman_curia/congregations/cfaith/documents/rc_con_cfaith_doc_20021124_politica_po.html>. Acesso em: 21 jan. 2020.

CONSELHO PONTIFÍCIO PARA A FAMÍLIA. **Sexualidade humana:** verdade e significado – orientações educativas em família. Vaticano, 8 dez. 1995. Disponível em: <http://www.vatican.va/roman_curia/pontifical_councils/family/documents/rc_pc_family_doc_08121995_human-sexuality_po.html>. Acesso em: 21 jan. 2020.

CUCCHETTI, H.; CRISTIÁ, M. Los sesenta y setenta: ¿Un capítulo pendiente de la Historia Argentina? **Nuevo Mundo, Mundos Nuevos,** 13 jul. 2008. Disponível em: <http://journals.openedition.org/nuevomundo/39282>. Acesso em: 21 jan. 2020.

DAMASCENA, F. A. O personalismo de Karol Wojtyla. **Caicó,** v. 9, n. 1, p. 37-60, jan./jul. 2016. Disponível em: <http://periodicos.uern.br/index.php/trilhasfilosoficas/article/view/2493/1346>. Acesso em: 21 jan. 2020.

DANIEL-ROPS, H. **A Igreja das revoluções (II):** um combate por Deus. São Paulo: Quadrante, 2006. (Coleção História da Igreja de Cristo, v. 9).

DIÁRIO DE NOTÍCIAS. Cronologia: cinco anos da eleição do papa Francisco. 10 mar. 2018. Disponível em: <https://www.dn.pt/lusa/interior/cronologia-cinco-anos-da-eleicao-do-papa-francisco-9176012.html>. Acesso em: 21 jan. 2020.

DIAS, J. A. **Sacrificium Laudis:** a hermenêutica da continuidade de Bento XVI e o retorno do catolicismo tradicional (1969-2009). 95 f. Dissertação (Mestrado em História) – Universidade Estadual Paulista "Júlio de Mesquita Filho", Franca, 2009.

DIAS, J. M. de B. O pensamento econômico do Papa Francisco. 12 ago. 2015. Disponível em: <https://jornal.ceiri.com.br/o-pensamento-economico-do-papa-francisco>. Acesso em: 21 jan. 2020.

DIAS, R. F. M. "**Desaparecer nas pontas dos pés**": história da eutanásia. 103 f. Monografia (Bacharelado em História) – Universidade Federal de Uberlândia, Uberlândia, 2004.

DIEHL, R. de M. **História dos concílios ecumênicos**. Curitiba: InterSaberes, 2019.

_____. **Teologia católica e direitos humanos**. Curitiba: InterSaberes, 2018.

DIOCESE DE ANÁPOLIS. **Tipos e formas dos pronunciamentos do Magistério da Igreja**. Disponível em: <http://www.diocesedeanapolis.org.br/tipos-e-formas-dos-pronunciamentos-do-magisterio-da-igreja>. Acesso em: 21 jan. 2020.

DOMINELLA, V. Catolicismo y política en Argentina en los años '60 y '70. Apuntes sobre las implicancias políticas del *aggiornamento* eclesial y la opción por el peronismo. In: JORNADAS DE SOCIOLOGÍA DE LA UNIVERSIDAD NACIONAL DE LA PLATA "ARGENTINA EN EL ESCENARIO LATINOAMERICANO ACTUAL: DEBATES DESDE LAS CIENCIAS SOCIALES", 7., 2012, La Plata. **Anais...** La Plata: UNLP, 2012. Disponível em: <http://sedici.unlp.edu.ar/bitstream/handle/10915/30714/Documento_completo.pdf?sequence=1>. Acesso em: 21 jan. 2020.

DOMTOTAL. **Sobre a Igreja Católica na China**. 5 fev. 2019. Disponível em: <https://domtotal.com/noticia/1330301/2019/02/sobre-a-igreja-catolica-na-china>. Acesso em: 21 jan. 2020.

ESCRIVÁ, J. **Caminho**: cap. 15, n. 353. Disponível em: <http://www.escrivaworks.org.br/book/caminho-capitulo-15.htm>. Acesso em: 21 jan. 2020a.

_____. **Questões atuais do cristianismo**: cap. 1, n. 2. Disponível em: <http://www.escrivaworks.org.br/book/questoes_atuais-capitulo-1.htm>. Acesso em: 21 jan. 2020b.

ETULAIN, C. R. Juventude, política e peronismo nos anos 60 e 70. **Revista de Ciências Humanas**, Florianópolis, n. 40, p. 317-337, out. 2006.

EVANS, J. **Beyond Heresy and Pragmatism**: a Defense of Pope Francis on Capital Punishment. 2018. Disponível em: <https://www.academia.edu/37644220/Beyond_Heresy_and_Pragmatism_A_Defense_of_Pope_Francis_on_the_Death_Penalty>. Acesso em: 21 jan. 2020.

FANTINEL, V. D.; LENZ, M. H. Crescimento e crise na Argentina, nos séculos XIX e XX: análise do período Frondizi. **Ensaios FEE**, Porto Alegre, v. 36, n. 1, p. 7-32, jun. 2015.

FASTIGGI, R. Capital Punishment, the Magisterium and Religious Assent. **Josephinum Journal of Theology**, v. 12, n. 2, Summer/Fall, 2005, p. 192-213.

FERNANDES, J. M. O Papa Francisco é de esquerda? Não se iludam: é apenas católico. **Público**, 17 jan. 2014. Disponível em: <https://www.publico.pt/2014/01/17/mundo/opiniao/o-papa-francisco-e-de-esquerda-nao-se-iludam-e-apenas-catolico-1619937>. Acesso em: 21 jan. 2020.

FERRARI, A.; CUNHA, A. M. As origens da crise argentina: uma sugestão de interpretação. **Economia e Sociedade**, Campinas, v. 17, n. 2, p. 47-80, ago. 2008.

FESER, E. **As observações do Papa sobre a pena de morte precisam ser esclarecidas**. 2017. Disponível em: <https://domtotal.com/noticia/1199732/2017/10/as-observacoes-do-papa-sobre-a-pena-de-morte-precisam-ser-esclarecidas>. Acesso em: 21 jan. 2020.

_____. **Pope Francis and capital punishment**. 2018a. Disponível em: <http://edwardfeser.blogspot.com/2018/08/pope-francis-and-capital-punishment.html>. Acesso em: 21 jan. 2020.

_____. **The Church Cannot Teach That Capital Punishment is Inherently Wrong**: a Reply to John Finnis. 2018b. Disponível em: <https://www.thepublicdiscourse.com/2018/09/39641>. Acesso em: 21 jan. 2020.

FESER, E.; BESSETTE, J. M. **By Man Shall his Blood Be Shed**: a Catholic Defense of Capital Punishment. San Francisco: Ignatius Press, 2017.

FRANCISCO, Papa. **Amoris Lætitia**. 19. mar. 2016a. Disponível em: <https://w2.vatican.va/content/francesco/pt/apost_exhortations/documents/papa-francesco_esortazione-ap_20160319_amoris-laetitia.html>. Acesso em: 21 jan. 2020.

FRANCISCO, Papa. **Discurso aos participantes no congresso sobre a encíclica Deus Caritas Est do papa Bento XVI por ocasião do 10º aniversário de sua publicação**. 26 fev. 2016b. Disponível em: <https://w2.vatican.va/content/francesco/pt/speeches/2016/february/documents/papa-francesco_20160226_congresso-deus-caritas-est.html>. Acesso em: 21 jan. 2020.

_____. **Evangelii Gaudium**. Roma, 24 nov. 2013. Disponível em: <https://w2.vatican.va/content/francesco/pt/apost_exhortations/documents/papa-francesco_esortazione-ap_20131124_evangelii-gaudium.html>. Acesso em: 21 jan. 2020.

_____. **Gaudete et exsultate**. Roma, 19 mar. 2018a. Disponível em: <http://w2.vatican.va/content/francesco/pt/apost_exhortations/documents/papa-francesco_esortazione-ap_20180319_gaudete-et-exsultate.html>. Acesso em: 21 jan. 2020.

_____. **Nuova redazione del n. 2267 del Catechismo della Chiesa Cattolica sulla pena di morte**: Rescriptum "ex Audentia SS.mi", 02.08.2018. 2018b. Disponível em: <https://press.vatican.va/content/salastampa/it/bollettino/pubblico/2018/08/02/0556/01209.html#PORTPAPA>. Acesso em: 21 jan. 2020.

FRAQUELLI, A. C. C. A Argentina nos anos 90. **Indicadores Econômicos FEE**, Porto Alegre, v. 27, n. 3, p. 13-37, fev. 2000.

FREZZATO, A. Papa Francisco e os jovens: uma análise comparativa entre o *Instrumentum Laboris* e o documento final do Sínodo da Juventude. The AR, n. 7, p. 77-93, 2019.

GALLIAN, D. M. C. A cultura contemporânea na clínica de Joseph Ratzinger: as patologias da modernidade e a terapêutica da humanização. **Memorandum**, v. 21, p. 249-260, 2011.

GAUDIUM PRESS. **Cardeais criticam documento de trabalho do Sínodo da Amazônia**. 10 set. 2019. Disponível em: <https://gaudiumpress.org/content/105036-Cardeais-criticam-documento-de-trabalho-do-Sinodo-da-Amazonia>. Acesso em: 21 jan. 2020.

GLEJDURA, S. La "Ostpolitik" del Vaticano. **Revista de Política Internacional**, n. 133, p. 203-219, maio/jun. 1974.

GLEJDURA, S. Sucesión en el Vaticano. **Revista de Política Internacional**, n. 161, p. 79-91, ene./feb. 1979.

GÓIS, E. Dom Azcona fala sobre o Sínodo para Amazônia. **A12 Redação**, 27 ago. 2019. Disponível em: <https://www.a12.com/redacaoa12/igreja/dom-azcona-fala-sobre-o-sinodo-para-amazonia>. Acesso em: 21 jan. 2020.

GOLDIM, J. R. **Breve histórico da eutanásia**. 2000. Disponível em: <https://www.ufrgs.br/bioetica/euthist.htm>. Acesso em: 21 jan. 2020.

_____. **Eutanásia**: Alemanha Nazista 1939-1941. 1998. Disponível em: <https://www.ufrgs.br/bioetica/eutnazi.htm>. Acesso em: 21 jan. 2020.

GRILO, M. P. **O matrimónio, caminho de santificação**: estudo ético-teológico do pensamento de Karol Wojtyła/João Paulo II. 106 f. Dissertação (Mestrado em Teologia) – Universidade Católica Portuguesa, Porto, 2014.

HACKMANN, G. L. B. A nascente do amor. **Revista do Departamento de Teologia da PUC-Rio**, v. 14, n. 35, p. 154-171, maio/ago. 2010.

HINLICKY, P. R. A Lutheran Encyclical: Benedict's Deus Caritas Est. **Journal of Lutheran Ethics**, v. 6, n. 8, Aug. 2006. Disponível em: <https://www.elca.org/JLE/Articles/576>. Acesso em: 21 jan. 2020.

HOBSBAWM, E. J. **Era dos extremos**: o breve século XX – 1914-1991. São Paulo: Companhia das Letras, 1995.

HÖFFNER, J. **Doutrina social cristã**. São Paulo: Loyola, 1986.

HOHEMBERGER, G. **A fé cristã como possibilidade de uma verdadeira existência humana, segundo Joseph Ratzinger**. 145 f. Dissertação (Mestrado em Teologia) – Pontifícia Universidade Católica do Rio de Janeiro, Rio de Janeiro, 2013.

HONORATO, R. da S. M. **A Influência do Papa João Paulo II na queda do regime comunista na Polônia**. 112 f. Monografia (Bacharelado em Relações Internacionais) – Universidade Federal da Paraíba, João Pessoa, 2014.

HORTAL SANCHEZ, J. et al. A carta encíclica Evangelium Vitae refletindo sobre o valor incomparável da vida humana. **Revista Magis**, n. 10, 1996.

HRABOVEC, E. The Vatican Ostpolitik and Czechoslovakia: National Aspects of the Political-Ecclesiastical Negociations. In: FEJÉRDY, A. (Ed.). **Vatican Ostpolitik**

1958-1978: Responsibility and Witness during John XXIII and Paul VI. Roma: Viella, 2015. p. 207-237.

JOÃO PAULO II, Papa. **Evangelium Vitae**. Roma, 25 mar. 1995. Disponível em: <http://w2.vatican.va/content/john-paul-ii/pt/encyclicals/documents/hf_jp-ii_enc_25031995_evangelium-vitae.pdf>. Acesso em: 21 jan. 2020.

KOLLER, F. S. **A fé como experiência de encontro com Cristo nos papas do Pós-Concílio**. 149 f. Dissertação (Mestrado em Teologia) – Pontifícia Universidade Católica do Paraná, Curitiba, 2017.

KUZMA, C. Crer no mundo de hoje: um estudo a partir do método de Joseph Ratzinger (Bento XVI) para explicar o "crer" em sua obra Introdução ao Cristianismo. **Revista Pistis & Praxis: Teologia e Pastoral**, Curitiba, v. 2, n. 2, p. 503-513, jul./dez. 2010.

LEZENWEGER, J. et al. **História da Igreja Católica**. São Paulo: Loyola, 2006.

LIBRERIA EDITRICE VATICANA. **Biografia do Santo Padre Francisco**. Disponível em: <https://w2.vatican.va/content/francesco/pt/biography/documents/papa-francesco-biografia-bergoglio.html>. Acesso em: 21 jan. 2020.

_____. **Catecismo da Igreja Católica**: compêndio. 2005. Disponível em: <http://www.catolicoorante.com.br/cic/compendio.html>. Acesso em: 21 jan. 2020.

LIMA, L. C. O papa e as questões da família: às voltas com gênero e orientação sexual. **Mandrágora**, v. 23. n. 2, 2017, p. 27-47.

LIMA, M. C. de. **Introdução à história do direito canônico**. São Paulo: Loyola, 2004.

L'OSSERVATORE ROMANO. **Biografia de Sua Santidade Bento XVI**. 2005. Disponível em: <https://w2.vatican.va/content/benedict-xvi/pt/biography/documents/hf_ben-xvi_bio_20050419_short-biography_old.html>. Acesso em: 21 jan. 2020.

_____. **Perfil biográfico de João Paulo II**. 3 maio 2014. Disponível em: <http://www.vatican.va/special/canonizzazione-27042014/documents/biografia_gpii_canonizzazione_po.html>. Acesso em: 21 jan. 2020.

_____. **Reservas de la Santa Sede al documento final de la Conferencia de El Cairo sobre Población y Desarrollo**. 13 set. 1994. Disponível em: <http://www.vatican.va/roman_curia/secretariat_state/archivio/documents/

rc_seg-st_19940913_conferenza-cairo-riserve_sp.html>. Acesso em: 21 jan. 2020.

MADRIGAL, V. ¿Teología sin sacrificio? Un análisis del documento Deus Caritas Est de Benedicto XVI de diciembre del 2005. **Siwô**, n. 3, p. 61-86, 2010.

MAMEDE, B. F. **O pensamento econômico de Joseph Ratzinger**. 2016. Disponível em: <http://www.abphe.org.br/uploads/Textos%20Encontro%20 P%C3%B3s%20ABPHE%202016/bruno_mamede.pdf>. Acesso em: 21 jan. 2020.

_____. **O pensamento político do cardeal Joseph Ratzinger**. 2017. Disponível em: <http://www.snh2017.anpuh.org/resources/anais/54/1494111523_ARQUIVO_ OPensamentoPoliticodoCardealJosephRatzinger.pdf>. Acesso em: 21 jan. 2020.

MARÍAS, J. **Biografia da filosofia e ideia da metafísica**. São Paulo: Livraria Duas Cidades, 1966.

_____. **História da filosofia**. São Paulo: Martins Fontes, 2004.

MARTINA, G. **História da Igreja de Lutero a nossos dias**. São Paulo: Loyola, 1997. v. IV: A Era Contemporânea.

MARTINO, R. R. Declaración de Mons. Renato Raffaele Martino, jefe de la Delegación de la Santa Sede en la Conferencia de El Cairo. 13 set. 1994. Disponível em: <http://www.vatican.va/roman_curia/secretariat_state/archivio/documents/ rc_seg-st_19940913_conferenza-cairo-finale_sp.html>. Acesso em: 21 jan. 2020.

MEIRELES, A. **Cardeal de Hong Kong acusa Vaticano de vender católicos chineses a Pequim**. 1º fev. 2018. Disponível em: <https://www.dn.pt/mundo/ cardeal-de-hong-kong-acusa-vaticano-de-vender-catolicos-chineses-a-pequim-9088624.html>. Acesso em: 21 jan. 2020.

MELO, A. A. de. **A evangelização no Brasil**: dimensões teológicas e desafios pastorais – o debate teológico e eclesial (1952-1995). Roma: Editrice Pontificia Università Gregoriana, 1996.

MELO, E. A. de, SANCHES, M. A. A *Evangelium Vitae* e a dignidade do embrião humano. **Revista Pistis & Praxis: Teologia e Pastoral**, Curitiba, v. 7, n. 3, p. 575-596, set./dez. 2015.

MENEGATTI, L. F. **Doutrina social da Igreja**. Curitiba: InterSaberes, 2018.

MORAES, H. V. B. Da eutanásia no direito comparado e na legislação brasileira. **Revista Jus Navigandi**, Teresina, v. 17, n. 3463, 24 dez. 2012. Disponível em: <https://jus.com.br/artigos/23299>. Acesso em: 21 jan. 2020.

NICOLINI, M. H. de O. Francisco, o Papa Latino-Americano: carisma, simpatia e pragmatismo nos limites das periferias da existência. **Estudos de Religião**, v. 27, n. 2, p. 214-248, jul./dez. 2013.

O'CONNELL, G. **Evite se tornar cristão "de direita ou de esquerda" insistiu o papa Francisco.** 7 jun. 2017. Disponível em: <https://domtotal.com/noticia/1159602/2017/06/evite-se-tornar-cristao-de-direita-ou-de-esquerda-insistiu-o-papa-francisco>. Acesso em: 21 jan. 2020.

OLIVEIRA, G. L. C. de. **A opção pelos pobres na "Evangelii Gaudium".** Disponível em: <https://www.maxwell.vrac.puc-rio.br/23124/23124.PDF>. Acesso em: 21 jan. 2020.

OSUNA, M. F. Políticas de la última dictadura argentina frente a la "brecha generacional". **Revista Latinoamericana de Ciencias Sociales, Niñez y Juventud**, v. 15, n. 2, p. 1097-1110, 2017.

OZIOKO, J. U. Evangelii Gaudium: a Precious Treasure for Cultivating the Missionary Spirituality. **Alpha Omega**, v. 19, n. 2, p. 223-252, 2016.

PACHECO, E. D. **O aborto e sua evolução histórica.** 11 out. 2007. Disponível em: <https://www.direitonet.com.br/artigos/exibir/3764/O-aborto-e-sua-evolucao-historica>. Acesso em: 21 jan. 2020.

PASSOS, J. D. **Os grandes temas do pontificado do papa Francisco.** 30 jun. 2017. Disponível em: <http://www.ofm.org.br/artigo/os-grandes-temas-do-pontificado-do-papa-francisco-30062017-091737>. Acesso em: 21 jan. 2020.

PAULO VI, Papa. **Humanae Vitae**: sobre a regulação da natalidade. Roma, 25 jul. 1968. Disponível em: <http://w2.vatican.va/content/paul-vi/pt/encyclicals/documents/hf_p-vi_enc_25071968_humanae-vitae.html>. Acesso em: 21 jan. 2020.

PEREIRA, A. F. **Impulso de Francisco, o Papa americano, ajudou Cuba e os EUA a concluir acordo.** 18 dez. 2014. Disponível em: <https://www.publico.

pt/2014/12/18/mundo/noticia/impulso-de-francisco-o-papa-americano-ajudou-cuba-e-aos-eua-a-concluir-acordo-1679874>. Acesso em: 21 jan. 2020.

PIPES, R. **História concisa da Revolução Russa**. Rio de Janeiro: Record, 1997.

PONTIFICAL COUNCIL COR UNUM. Acts of the International Congress Love Never Fails: Perspectives 10 years after the Encyclical Deus Caritas Est. Vatican City, 2016. Disponível em: <http://www.corunumjubilaeum.va/content/dam/corunumexpo/pdf-congresso2016/atti_en.pdf>. Acesso em: 21 jan. 2020.

POPE, S. J. Benedict XVI's Deus Caritas Est: an Ethycal Analysis. In: HOGAN, L. (Ed.). **Applied Ethics in a World Church**: the Padua Conference. New York: Orbis Books, 2008. p. 271-277.

PORTUGAL. SNPC – Secretariado Nacional da Pastoral da Cultura. **Bento XVI**: cronologia do pontificado. 11 fev. 2013. <http://www.snpcultura.org/bento_xvi_marcas_pontificado.html>. Acesso em: 21 jan. 2020.

PRAXEDES, H. Legalização do aborto na Bélgica. **Pergunte e responderemos**, n. 305, abr. 1995. Disponível em: <http://www.pr.gonet.biz/kb_read.php?pref=htm&num=241>. Acesso em: 21 jan. 2020.

RAMALHETE, C. **Doutrina social da Igreja**: uma introdução. São Paulo: Quadrante, 2017.

RAMOS-SILVA, S. M.. "Deus caritas est": bases para a operacionalização da noção de éthos. **Estudos Semióticos**, v. 6, n. 2, p. 30-39, nov. 2010.

_____. Encíclica *Evangelium Vitae*: o éthos do sujeito divulgador católico. **Cadernos de Semiótica Aplicada**, v. 7, n. 2, dez. 2009.

RAPOPORT, M.; LAUFER, R. Os Estados Unidos diante do Brasil e da Argentina: os golpes militares da década de 1960. **Revista Brasileira de Política Internacional**, Brasília, v. 43, n.1, p. 69-98, jan./jun. 2000.

RATZINGER, G. **Meu irmão, o Papa**: depoimento a Michael Hesemann. São Paulo: Europa, 2012.

RATZINGER, J. **Carta "Dignidade para receber a Sagrada Comunhão: princípios gerais"**. 2004. Disponível em: <http://paroquiadapiedade.com.br/formacao/liturgica/carta-dignidade-para-receber-a-sagrada-comunhao-principios-gerais>. Acesso em: 21 jan. 2020.

RATZINGER, J. **Introdução ao cristianismo**: preleções ao Símbolo Apostólico. São Paulo: Herder, 1970.

_____. **Natureza e missão da teologia**. Petrópolis: Vozes, 2008.

RAUTMANN, R. **Teologia fundamental e da revelação**. Curitiba: InterSaberes, 2018.

REALE, G.; ANTISERI, D. **História da filosofia**: de Freud à atualidade. São Paulo: Paulus, 2006. (Coleção História da Filosofia, v. 7).

_____. **História da filosofia**: filosofia pagã antiga. São Paulo: Paulus, 2003. (Coleção História da Filosofia, v. 1).

RIBEIRO, A. L. do V. A superação da doutrina das "duas fontes". **Revista de Cultura Teológica**, v. 16, n. 64, p. 47-73, jul./set. 2008.

RIFAN, F. A. **Autoridade da Encíclica**. Disponível em: <http://dioceseportonacional.org.br/autoridade-da-enciclica-dom-fernando-areas-rifan>. Acesso em: 21 jan. 2020.

_____. **Orientação pastoral sobre o magistério vivo da Igreja**. 2007. Disponível em: <https://www.adapostolica.org/artigos/orientacao-pastoral-sobre-o-magisterio-vivo-da-igreja>. Acesso em: 21 jan. 2020.

ROCCELLA, E.; SCARAFFIA, L. **Contra o cristianismo**: a ONU e a União Europeia como nova ideologia. Campinas: Ecclesiae, 2014.

ROWLAND, T. **A fé de Ratzinger**: a teologia do Papa Bento XVI. São Paulo: Instituto Raimundo Lúlio/Ecclesiae, 2013.

SAGRADA CONGREGAÇÃO PARA A DOUTRINA DA FÉ. **Declaração *Persona Humana* sobre alguns pontos de ética sexual**. Roma, 1975. Disponível em: <http://www.vatican.va/roman_curia/congregations/cfaith/documents/rc_con_cfaith_doc_19751229_persona-humana_po.html>. Acesso em: 21 jan. 2020.

_____. **Declaração sobre a eutanásia**. Roma, 1980. Disponível em: <http://www.vatican.va/roman_curia/congregations/cfaith/documents/rc_con_cfaith_doc_19800505_euthanasia_po.html>. Acesso em: 21 jan. 2020.

_____. **Declaração sobre o aborto provocado**. Roma, 18 nov. 1974. Disponível em: <http://www.vatican.va/roman_curia/congregations/cfaith/documents/rc_con_cfaith_doc_19741118_declaration-abortion_po.html>. Acesso em: 21 jan. 2020.

SAGRADA CONGREGAÇÃO PARA A DOUTRINA DA FÉ. **Instrução sobre o respeito à vida humana nascente e a dignidade da procriação.** Roma, 22 fev. 1987. Disponível em: <http://www.vatican.va/roman_curia/congregations/cfaith/documents/rc_con_cfaith_doc_19870222_respect-for-human-life_po.html>. Acesso em: 21 jan. 2020.

SALLES, S. de S.; SILVEIRA, C. F. G. C. da. Karol Wojtyla e os níveis de sentido da regra de ouro. **Veritas**, Porto Alegre, v. 59, n. 1, p. 194-213, 2014.

SANTOS, I. **A Igreja e o aborto**: uma síntese histórica. Natal, 2014. Disponível em: <http://www.pr.gonet.biz/kb_read.php?num=3094>. Acesso em: 21 jan. 2020.

SARANYANA, J.-I.; ILLANES, J. L. **Historia de la teología**. Madrid: BAC, 1995.

SCHINDLER, D. C. The Redemption of Eros: Philosofical Reflexions on Benedict XVI's First Encyclical. **Communio**, v. 33, p. 375-399, 2006.

SILVA, A. C. da. O magistério católico e a defesa da vida humana na sua origem, à luz do dado científico. **Revista de Cultura Teológica**, São Paulo, v. 19, n. 76, p. 63-81, out./dez. 2011.

SILVA, A. W. C.; JUNIOR, D. V. N. A pessoa humana e as bases reflexivas de sua dignidade, segundo o pensamento de João Paulo II. **Revista de Cultura Teológica**, v. 18, n. 70, abr./jun. 2010.

SILVA, M. C. da. **O amor como princípio unificador orientativo e nucleador da vida moral à luz da Deus Caritas Est**. 113 f. Dissertação (Mestrado em Teologia) – Pontifícia Universidade Católica do Rio Grande do Sul, Porto Alegre, 2009.

SÍNODO DOS BISPOS. XIV Assembleia Geral Ordinária. **A vocação e a missão da família na Igreja e no mundo contemporâneo:** *Instrumentum Laboris*. Vaticano, 2015a. Disponível em: <http://www.vatican.va/roman_curia/synod/documents/rc_synod_doc_20150623_instrumentum-xiv-assembly_po.html>. Acesso em: 21 jan. 2020.

_____. **A vocação e a missão da família na Igreja e no mundo contemporâneo:** relatório final do Sínodo dos Bispos ao Santo Padre Francisco. 24 out. 2015b. Disponível em: <http://www.vatican.va/roman_curia/synod/documents/rc_synod_doc_20151026_relazione-finale-xiv-assemblea_po.html>. Acesso em: 21 jan. 2020.

SÍNODO DOS BISPOS. XV Assembleia Geral Ordinária. **Os jovens, a fé e o discernimento vocacional**: documento final. Vaticano, 2018a. Disponível em: <http://www.vatican.va/roman_curia/synod/documents/rc_synod_doc_20181027_doc-final-instrumentum-xvassemblea-giovani_po.html>. Acesso em: 21 jan. 2020.

SÍNODO DOS BISPOS. XV Assembleia Geral Ordinária. **Os jovens, a fé e o discernimento vocacional**: *Instrumentum laboris*. Vaticano, 2018b. Disponível em: <http://www.vatican.va/roman_curia/synod/documents/rc_synod_doc_20180508_instrumentum-xvassemblea-giovani_po.html>. Acesso em: 21 jan. 2020.

SÍNODO PAN-AMAZÔNICO. **Documento final do Sínodo para a Amazônia**. 2019a. Disponível em: <http://www.sinodoamazonico.va/content/sinodoamazonico/pt/documentos/documento-final-do-sinodo-para-a-amazonia.html>. Acesso em: 21 jan. 2020.

_____. **Instrumentum Laboris do Sínodo Amazônico**. 2019b. Disponível em: <http://www.sinodoamazonico.va/content/sinodoamazonico/pt/documentos/instrumentum-laboris-do-sinodo-amazonico.html>. Acesso em: 21 jan. 2020.

SOUSA, C. A. Aspectos históricos da pena de morte. **Âmbito Jurídico**, Rio Grande, v. 10, n. 38, fev. 2007. Disponível em: <http://www.ambitojuridico.com.br/site/index.php?n_link=revista_artigos_leitura&artigo_id=3423>. Acesso em: 21 jan. 2020.

SOUZA, L. E. S. de. **O neoliberalismo na Argentina**: uma interpretação – 1989-1994. Disponível em: <http://nepheusp.googlepages.com/oneoliberalismonaargentina8994.pdf>. Acesso em: 21 jan. 2020.

SUESS, P. A proposta do Papa Francisco para o Sínodo Pan-Amazônico de 2019: sinodalidade, missão, ecologia integral. **Perspect. Teol.**, Belo Horizonte, v. 51, n. 1, p. 15-30, jan./abr. 2019.

SZCZESNY, W. B. O enriquecimento da metaética tomista nos estudos do cardeal Karol Wojtyla. **Aquinate**, n. 12, p. 91-96, 2010.

SZENTMÁRTONI, M. **Introdução à teologia pastoral**. 2. ed. São Paulo: Loyola, 2004.

TAVARES, C. Q. A Evangelium Vitae e Evangelii Gaudium: novos tempos. **Revista Pistis & Praxis: Teologia e Pastoral**, Curitiba, v. 7, n. 3, p. 663-679, set./dez. 2015.

TURNER, B. Pope Francis and the Death Penalty: a Conditional Advance of Justice in the Law of Nations. **Nova et Vetera, English Edition**, v. 16, n. 4, 2018, p. 1041-1050.

VATICAN NEWS. **Acordo Santa Sé-República Popular da China, fruto de um caminho**. 22 set. 2018a. Disponível em: <https://www.vaticannews.va/pt/vaticano/news/2018-09/santa-se-china-acordo-bispos-igreja-catolica-dialogo.html>. Acesso em: 21 jan. 2020.

_____. **Evangelii Gaudium**: o "programa" do pontificado de Francisco. 2018b. Disponível em: <https://www.vaticannews.va/pt/papa/news/2018-03/papa-francisco-evangelii-gaudium-cinco-anos.html>. Acesso em: 21 jan. 2020.

VATICANO. Alguns dados significativos do pontificado de João Paulo II. Disponível em: <http://www.vatican.va/beatificazione_gp2/documents/pontificato_gp2_po.html>. Acesso em: 21 jan. 2020.

VEIGA, E. O legado dos cinco primeiros anos de Francisco, o papa 'que desceu do trono'. **BBC Brasil**, 12 mar. 2018. Disponível em: <https://www.bbc.com/portuguese/internacional-43339864>. Acesso em: 21 jan. 2020.

VÊNETO, F. Eutanásia, distanásia e ortotanásia: o que são e quais as diferenças? **Aleteia**, 10 jul. 2017. Disponível em: <https://pt.aleteia.org/2017/07/10/eutanasia-distanasia-e-ortotanasia-o-que-sao-e-quais-as-diferencas>. Acesso em: 21 jan. 2020.

VERDÚ, D. **O Sínodo da Amazônia aumenta o racha entre o papa Francisco e o setor tradicionalista**. 30 out. 2019. Disponível em: <http://www.ihu.unisinos.br/78-noticias/594006-o-sinodo-da-amazonia-aumenta-o-racha-entre-o-papa-francisco-e-o-setor-tradicionalista>. Acesso em: 21 jan. 2020.

VEYNE, P. **Como nosso mundo se tornou cristão**: 312-394. 2. ed. Rio de Janeiro: Civilização Brasileira, 2011.

VIEIRA, D. R. **História da Igreja nas Idades Antiga e Média**. Curitiba: InterSaberes, 2019.

VIEIRA, J. P. O. **A verdade**: demanda da razão e horizonte da fé – aproximação ao pensamento de Joseph Ratzinger\Bento XVI. 81 f. Dissertação (Mestrado em Teologia) – Universidade Católica Portuguesa, Porto, 2016.

VILLAS BOAS, A. V. Francisco e a Teologia da Cultura. **Revista Pistis & Praxis: Teologia e Pastoral**, Curitiba, v. 8, n. 3, 761-788, set./dez. 2016.

WASHBURN, C. D. **The New Natural Lawyers, Contraception, Capital Punishment, and the Infallibility of the Ordinary Magisterium**. 2019. Disponível em: <https://www.stthomas.edu/media/catholicstudies/center/logosjournal/archives/2019/22.1Washburn.pdf>. Acesso em: 21 jan. 2020.

WEIGEL, G. **Witness to Hope**: the Biography of Pope John Paul II. New York: Cliff Street Books, 1999.

WOJTYŁA, K. **Amor e responsabilidade**: estudo ético. São Paulo: Loyola, 1982.

ZERACRISTOS, Y. The Encyclical Letter of Benedict XVI, Deus Caritas Est, and its African Reception. **Vincentiana**, p. 60-64, Jan./Apr. 2006.

ZILLES, U. O magistério dos bispos e o magistério dos doutores. **Teocomunicação**, Porto Alegre, v. 38, n. 160, p. 210-225, maio/ago. 2008.

ZINNHOBLER, R. Idade Moderna. In: LEZENWEGER, J. et al. **História da Igreja Católica**. São Paulo: Loyola, 2006. p. 205-355.

Bibliografia comentada

BAPTISTA, I. M. A. **Fenomenologia e sentido da sexualidade humana no magistério de João Paulo II**. 272 f. Dissertação (Mestrado em Filosofia) – Universidade do Minho, Braga, 2004.
    Essa dissertação de mestrado contém ampla explicação acerca do pensamento do Papa João Paulo II sobre a sexualidade.

BENTO XVI, Papa. **Deus Caritas Est**. Roma, 25 dez. 2005. Disponível em: <http://w2.vatican.va/content/benedict-xvi/pt/encyclicals/documents/hf_ben-xvi_enc_20051225_deus-caritas-est.html>. Acesso em: 21 jan. 2020.
    Encíclica do Papa Bento XVI que contém uma reflexão teológica sobre o amor cristão.

BORGHESI, M. **Jorge Mario Bergoglio**: uma biografia intelectual. Petrópolis: Vozes, 2018.
    Um complexo estudo sobre as diferentes influências intelectuais que moldaram o pensamento do Papa Francisco.

BRITO, A. D. da S. **Pensamento de Bento XVI nas suas Cartas Encíclicas.** 78 f. Dissertação (Mestrado em Teologia) – Universidade Católica Portuguesa, Braga, 2012.

Dissertação de mestrado que aborda as principais ideias contidas nas encíclicas do Papa Bento XVI.

CERQUEIRA, A. J. de. **O conceito de liberdade nos escritos magisteriais de João Paulo II em diálogo com a contemporaneidade.** 125 f. Dissertação (Mestrado em Teologia) – Faculdade Jesuíta de Filosofia e Teologia, Belo Horizonte, 2014.

Importante estudo que ajuda a compreender a noção que o Papa João Paulo II tinha do conceito de liberdade.

COLLETTO, R. M. de P. **A Gaudium et Spes e a Evangelii Gaudium:** um estudo comparativo na perspectiva da conversão pastoral. 148 f. Dissertação (Mestrado em Teologia) – Pontifícia Universidade Católica do Rio Grande do Sul, Porto Alegre, 2015.

Esse trabalho compara as ideias contidas no documento *Gaudium et Spes*, do Concílio Vaticano II, e na exortação *Evangelii Gaudium*, do Papa Francisco.

FRANCISCO, Papa. **Evangelii Gaudium.** Roma, 24 nov. 2013. Disponível em <https://w2.vatican.va/content/francesco/pt/apost_exhortations/documents/papa-francesco_esortazione-ap_20131124_evangelii-gaudium.html>. Acesso em: 21 jan. 2020.

Exortação do Papa Francisco que aborda a ação missionária da Igreja e seus desafios.

JOÃO PAULO II, Papa. **Evangelium Vitae.** Roma, 25 mar. 1995. Disponível em: <http://w2.vatican.va/content/john-paul-ii/pt/encyclicals/documents/hf_jp-ii_enc_25031995_evangelium-vitae.pdf>. Acesso em: 21 jan. 2020.

Encíclica do Papa João Paulo II que aborda a dignidade da vida humana, as ameaças a ela e os meios para a promoção de uma "cultura da vida".

KOLLER, F. S. **A fé como experiência de encontro com Cristo nos papas do Pós-Concílio.** 149 f. Dissertação (Mestrado em Teologia) – Pontifícia Universidade Católica do Paraná, Curitiba, 2017.

Dissertação de mestrado que aborda os elementos comuns ao magistério dos papas, de Paulo VI a Francisco.

ROWLAND, T. **A fé de Ratzinger: a teologia do Papa Bento XVI.** São Paulo: Instituto Raimundo Lúlio/Ecclesiae, 2013.

Estudo sobre o pensamento teológico do Papa Bento XVI, apontando suas influências intelectuais e suas principais ideias.

SILVA, M. C. da. **O amor como princípio unificador orientativo e nucleador da vida moral à luz da Deus Caritas Est.** 113 f. Dissertação (Mestrado em Teologia) – Pontifícia Universidade Católica do Rio Grande do Sul, Porto Alegre, 2009.

Trabalho sobre a visão a respeito do amor na encíclica *Deus Caritas Est*, do Papa Bento XVI.

Respostas

Capítulo 1
Atividades de autoavaliação
1. c
2. d
3. e
4. a
5. b

Capítulo 2
Atividades de autoavaliação
1. b
2. c
3. a
4. b
5. c

Capítulo 3
Atividades de autoavaliação
1. b
2. a
3. c
4. e
5. c

Capítulo 4
Atividades de autoavaliação
1. 1. c
2. 2. a
3. 3. d
4. 4. e
5. 5. e

Sobre o autor

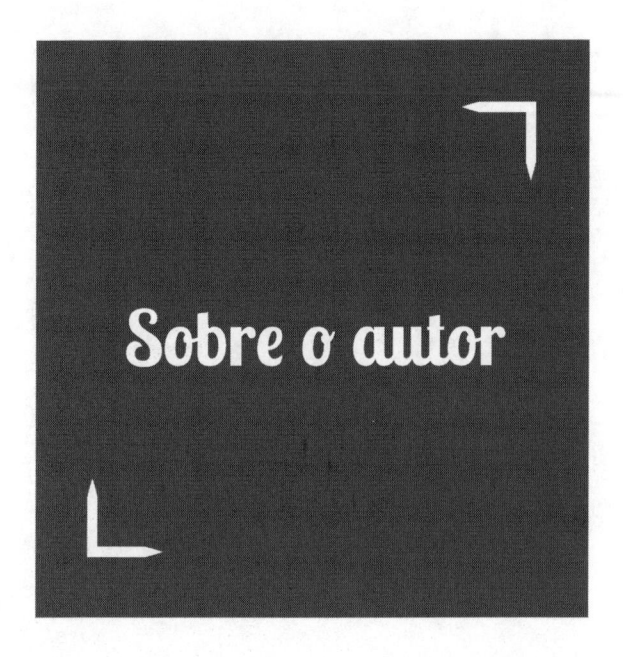

Rafael de Mesquita Diehl, nascido em Porto Alegre (RS), em 1988, é professor e historiador. Bacharel e licenciado em História pela Universidade Federal do Paraná (UFPR), mestre em História, também pela UFPR, e doutor em História pela mesma instituição, com tese intitulada *Eclesiologia e a monarquia pontifícia com João XXII em Avignon (1316-1334)*. Suas pesquisas concentram-se nas áreas de história medieval e história da Igreja. Leciona História Geral no ensino médio e matérias correlatas à História da Igreja no ensino superior.

Impressão:
Março/2020